Meiner Frau gewidmet

In der Reihe der Kanzlei sind bisher erschienen:

1. Greiter: Rechtsfragen im Auslandsgeschäft; Eigentumsvorbehalt, Forderungseintreibung, Verjährung, Länderübersichten, Produkthaftpflicht
2. Schwank: Rechtsfragen im Auslandsgeschäft; internationales Frachtwesen, Dokumentenakkreditive und Fälle von Mißbrauch, Bankgarantien, Unternehmensbeteiligung und Tochtergesellschaften im Ausland
3. Greiter: Gerichtsurteile für Fremdenverkehr und Sport, veröffentlichte und unveröffentlichte Entscheidungen des Obersten Gerichtshofes von 1919 bis 1979; Schiunfälle, Liftunfälle, Pistensicherung, Verkehrswegesicherung, Bergunfälle etc.
4. Greiter: CMR-Gerichtsurteile, Entscheidungen zum internationalen Transportrecht; die veröffentlichten und unveröffentlichten CMR-Urteile des österreichischen Obersten Gerichtshofes bis 1985
5. Greiter: How To Get Your Money in Foreign Countries, A Survery of Court Costs and Lawyers Fees in 151 Countries; Länderübersicht zu den Gerichts- und Anwaltskosten und zur Kostenersatzpflicht im Zivilprozeß unter Mitarbeit von Rechtsanwälten aus 151 Ländern
6. Greiter: Über den Umgang mit Rechtsanwälten – 12 Regeln. Ein Leitfaden für Unternehmen und Privatpersonen
7. Greiter: Das Bankgeheimnis in der österreichischen Judikatur, Entscheidungen des österreichischen Obersten Gerichtshofes, des Verwaltungsgerichtshofes und des Verfassungsgerichtshofes zum österreichischen Bankgeheimnis bis 1989
8. Greiter: How To Get Compensation For Accidents in Austria; englische Broschüre zu Schadenersatzansprüchen aus Unfällen in Österreich, über außergerichtliche und gerichtliche Geltendmachung von Schadenersatzansprüchen, über den Umfang des Schadenersatzes bei Körperschäden, über Anwalts- und Gerichtskosten etc.
9. Greiter: Der Schlüssel zum politischen Erfolg: Bürgernähe in der Praxis – 368 Denkanstöße. Ein Leitfaden für Gemeinderäte, Bürgermeister und andere politisch Verantwortliche.
10. Greiter: Kreativität in der Praxis: Der Schlüssel zum persönlichen und beruflichen Erfolg, Checkliste mit 222 Denkanstößen, 71 Beispiele
11. Greiter: Pistensicherung in der österreichischen Rechtsprechung, Entscheidungen des Obersten Gerichtshofes, der Oberlandesgerichte und der Landesgerichte bis 1998, davon 80 unveröffentlichte Entscheidungen

zu bestellen durch:

Greiter & Partner
Rechtsanwälte
Maria-Theresien-Strasse 24
A-6020 Innsbruck
Österreich

Tel.: 0043-(0)512-571811
Fax: 0043-(0)512-584925
e-mail:
info@greiter.lawfirm.at
http://www.greiter.lawfirm.at

Inhaltsverzeichnis

Vorwort von Dr. Klaus Hoffmann

Präsident des Österreichischen Rechtsanwaltskammertages, Wien

Die in diesem Werk gebrachten Beispiele mögen auf den ersten Blick ungewöhnlich sein. Aber Kreativität ist für die Tätigkeit von uns Rechtsanwälten nicht nur alltäglich, sondern sogar in besonderem Maß erforderlich.

Das strikte routinemäßige Vorgehen nach erlernten Verhaltensmustern wird nur in den seltensten Fällen zu einem befriedigenden Ergebnis führen. Erfordert doch gerade die Prozesssituation immer wieder ein rasches Erkennen und Beurteilen von unerwarteten Situationen. Und dann wird die Kreativität jedes einzelnen Anwalts gefordert.

Je mehr Erfahrung und Übung ein Anwalt sich im Umgang mit ungewohnten, ja auch kritischen Situationen im Laufe der Jahre erworben hat, desto sicherer wird er sich bei seiner Anwaltstätigkeit fühlen.

Auch von den Erlebnissen und Erfahrungen anderer können wir gewinnen, durch Beobachtung und durch Nachlesen.

Möge dieses Buch auch für den Anwalt ein wertvoller und auch kurzweiliger Ratgeber auf dem Wege zur Förderung seiner Kreativität sein.

Vorwort von Dr. Bernhard Dombeck

Präsident der Bundesrechtsanwaltskammer Deutschland, Berlin

Welche Fähigkeit muss ein kreativer Mensch haben? Er muss neue Ideen entwickeln, sie überprüfen, ob sie gut sind und sie dann in die Tat umsetzen können. Eine gute neue Idee allein reicht nicht aus, wenn man nicht weiß, was man mit ihr anfangen soll. Andererseits ist die Tatkraft allein unzureichend, wenn die Ideen fehlen.

Jeder gute Jurist muss kreativ sein: der Gesetzgeber, der Richter, der Staatsanwalt, der Verwaltungsjurist, der Notar, vor allem aber die Rechtsanwältin und der Rechtsanwalt.

Der Anwalt im Zivilprozess, der ich oft bin, kann zwar den ihm von seinem Mandanten mitgeteilten Sachverhalt nicht ändern. Er kann und muss aber die für seinen Mandanten in diesem Sachverhalt günstigen Schwerpunkte setzen. Schon hier muss er also die richtigen neuen Ideen haben, die sein Mandant noch nicht hatte.

Auch diese Gestaltung des tatsächlich vorhandenen Sachverhalts erfordert Kreativität, denn der Anwalt muss erkennen, wo er die Schwerpunkte setzt. Diese Erkenntnis kann er natürlich nur bei gutem juristischen Grundwissen gewinnen; auch dieses reicht aber nicht aus, wenn er keine Analogien zu gegebenen Vorschriften und vorhandenen Präjudizien ziehen kann.

Auch die eigentliche Gerichtsverhandlung verlangt von dem prozessual tätigen Anwalt – natürlich nicht nur im Zivilrecht – schöpferische Gestaltungskraft, wenn er das Gericht von dessen vorgefasster, dem eigenen Mandanten nachteiliger Meinung abbringen muss. Diese schöpferische Vitalität vor Gericht wird erst recht vom Strafverteidiger verlangt.

Viele meinen, dass Kreativität noch mehr bei Verhandlungen gefordert ist, die zur außergerichtlichen Lösung eines Problems beitragen und zu Vereinbarungen führen sollen. Hier reicht es nicht aus, gut formulieren zu können. Wie oft scheinen Verhandlungen in einer Sackgasse zu stecken, aus der es kein Hinaus mehr gibt.

Hier hilft dann nur die zündende neue Idee, von der in diesem Buch oft die Rede ist, für die dieses Buch viele Beispiele hat. Diese zündende neue Idee wird von dem Rechtsanwalt erwartet. Er ist der Problemlöser, der Troubleshooter. Er muss den Weg herausfinden. Natürlich helfen ihm dabei seine guten juristischen Kenntnisse. Sie allein nützen ihm aber nichts.

Ich kenne einen Juristen mit zwei hervorragenden Examina. Er kannte alle Entscheidungen aller Gerichte und wusste auch, wo sie abgedruckt waren. Weil auch seine Prüfer unkreativ waren, fragten sie ihn immer nach bereits vorhandenen Entscheidungen und Meinungen der Rechtsliteratur.

Er wusste alles. Als Rechtsanwalt versagte er. Er war im Stande, lange hervorragende juristische Gutachten zu fertigen. Aber er hatte keine Kreativität. Die neuen Ideen, mit denen er sein phänomenales Wissen in die Praxis hätte umsetzen können, fielen ihm nicht ein.

Vielleicht hätte ihm dieses Buch ein wenig helfen können.

Vorwort von Jean-Pierre Gross

Präsident des Schweizerischen Anwaltsverbandes, Bern

Der Anwaltsberuf: Berufung zur Kreativität

Es ist ganz natürlich, dass der forensisch tätige Anwalt bei seiner Arbeit nicht um jeden Preis nach neuartigen Lösungswegen trachten wird. Seine Grundausbildung führt ihn vielmehr dazu, einen Fall aus der Rechtsprechung finden zu wollen, der dem seinen so nah wie möglich kommt.

Die Tatsachen sind Parameter, die er nicht verändern kann. Er kann unmöglich das Rad der Zeit zurückdrehen und den Lauf der Dinge zu Gunsten seines Mandanten ändern. Mit geringem Vorbehalt gilt dasselbe für das anwendbare Recht. Will sich der Anwalt nicht dem Vorwurf aussetzen, seine Prozessführung sei nicht ernsthaft, so muss er sich an das Gesetz, die ständige Rechtsprechung und die herrschende Lehre halten.

Zwar kann er sich darum bemühen, die Rechtsprechung weiterzuentwickeln. Dies bedeutet allerdings einen beträchtlichen Aufwand. Zuerst wird er die nötige Zeit aufbringen müssen, um die originellen Überlegungen anzustellen. Anschließend wird er seinen Mandanten davon überzeugen müssen, dass es sich lohnt, diesen Aufwand zu bezahlen, obwohl ein günstiges Ergebnis ungewiss ist. Schließlich wird er seinen Standpunkt in überzeugender Weise darlegen müssen. Unter diesen Umständen wird der forensisch tätige Anwalt dazu neigen, anzunehmen, dass sein Freiraum zur Kreativität auf das Allernötigste beschränkt ist.

Und doch irrt sich der Anwalt, der nicht unaufhörlich die originelle Lösung sucht, mit der er sich durchsetzen wird. Es kann sogar behauptet werden, dass dieser damit eine Berufspflicht verletzt, wofür er sich haftbar macht. Er ist mit jenem vergleichbar, der es unterlässt, bei einer trigonometrischen Rechenaufgabe gedanklich genau die Linie zu ziehen, die zur Lösung führt und sich dabei auf die bekannten Größen versteift, obwohl er weiß, dass diese allein nicht zur Lösung führen.

Statt sich mit so genannten unveränderlichen Gegebenheiten zu begnügen und zu wiederholen, was andere, behauptetermaßen Gebildetere zuvor gesagt haben, muss sich der Anwalt mit der Aufgabe, Bahnbrecherisches zu leisten, betraut fühlen. Die Befriedigung die er jedes Mal erfahren wird, wenn seine Schöpfung zum Erfolg geführt hat, wird ihn darin bekräftigen, seinen Ansatz beizubehalten.

Bei seiner Beratertätigkeit wird der Anwalt eine große Genugtuung erfahren, indem er sein Wissen, seine Schöpfungskraft und seine Erfahrung zu Gunsten seines Mandanten einsetzt. Dieser wird auf ganz natürliche Weise seinen Anwalt dazu auffordern, tatkräftig und so früh wie möglich bei der Ausarbeitung seines Vorhabens mitzuwirken. Anstelle eines einfachen Zuschauers wird der Anwalt Regisseur. Statt eines Nachahmers wird er Komponist einer Sinfonie.

Ja, ein kreativer Anwalt zu sein ist eine wahre Berufung! Diese Veröffentlichung soll jeden dazu auffordern, diese anzunehmen. Ein mancher wird auf diese Publikation gewartet haben.

Vorwort von Dr. Ursula Wachter

Präsidentin der Liechtensteinischen Rechtsanwaltskammer, Vaduz

Immer wieder höre ich das Vorurteil, die Juristerei sei eine „trockene Materie“, eine „Paragrafenreiterei“, auf jeden Fall etwas Langweiliges, ganz bestimmt nichts Aufregendes.

Für mich als Rechtsanwältin ist die Juristerei alles andere als trocken oder gar langweilig, denn in meinem Beruf habe ich mit Menschen in den verschiedensten Konfliktsituationen, also mit den Regeln des menschlichen Zusammenlebens schlechthin zu tun.

Immer gilt es, die Interessen einer Partei zu vertreten, und glauben Sie mir, es gibt für jeden Standpunkt plausible Argumente.

Dies fordert einerseits viel Einfühlungsvermögen im Verhältnis zum Mandanten und zu seiner Situation, andererseits natürlich auch Geschick im Umgang mit dem Gegner.

Zur vornehmsten Pflicht des Rechtsanwaltes gehört es, wenn möglich einen Prozess zu vermeiden. Es gilt die Maxime: ein günstiger Vergleich ist besser als ein verlorener Prozess.

Also ist der Rechtsanwalt gut beraten, neben der rechtlichen Strategie Verhandlungsmethoden zu entwickeln, die es ihm ermöglichen, ein für seinen Mandanten günstiges Resultat zu erzielen.

Neuere internationale Bestrebungen, Konflikte außergerichtlich zu lösen (Mediation), deuten darauf hin, dass die konventionelle Kampfansage an den Gegner überdacht wird.

Eine moderne Streitkultur ist im Entstehen, welche mehr von Fairness und einem akzeptablen Interessensausgleich, als vom Kampf mit harten Bandagen geprägt ist. Gefragt sind Charme, Intelligenz, Fantasie und Menschenkenntnis.

Das vorliegende Büchlein zeigt in amüsanter Weise auf, wie auf kreative Art und Weise im Konfliktfall mit den mannigfaltigsten Lebenssituationen umgegangen werden kann, um ein für alle Beteiligten akzeptables Ergebnis zu erzielen.

Einen Beruf, der mehr Kreativität im Umgang mit Menschen, ihren Ängsten und Nöten fordert, kann ich mir nicht vorstellen.

Vorwort von Dr. Hanns Egger

Präsident der Südtiroler Rechtsanwaltskammer, Bozen

Der Philosoph Karl R. Popper hat ein Kapitel seines letzten Buches mit dem Titel überschrieben „Alles Leben ist Problem lösen".

Ivo Greiter zeigt anschaulich in seinen zahlreichen Denkanstößen und Beispielen, wie vor allem in wichtigen Lebensäußerungen und somit beim Problemlösen Kreativität eingesetzt werden kann.

Er zeigt anschaulich, wie Kreativität eingesetzt wird und welche zusätzlichen Möglichkeiten für das Problemlösen durch Kreativität entstehen. Dabei wird die fachliche Kompetenz als Voraussetzung keineswegs in Frage gestellt, es wird aber eine zusätzliche Kompetenz gefordert.

Dass die Tätigkeit des Rechtsanwaltes nicht auf Prozessführung, sondern nach Möglichkeit auf Prozessvermeidung ausgerichtet sein muss, ergibt sich aus den Unzulänglichkeiten des Justizwesens, aus wirtschaftlichen Gründen und vielfach aus Zeitgründen.

Zudem bieten Verfahrensregeln wie Schriftszwang in den Gerichtsverfahren, ebenso wie das strenge Legalitätsprinzip, wenig Raum für Lösungsvorschläge, die mit Fantasie und Originalität entwickelt werden. Deshalb wird außergerichtliche Verhandlungsführung und Mediation für unseren Anwaltsberuf immer wichtiger.

Ich bin sicher, dass die Denkanstöße von Ivo Greiter immer wieder gelesen und überdacht werden können und immer neu konkrete Ansätze in unserem Berufsleben, dessen Aufgabe das Problemlösen ist, bieten.

Einführung

Vielleicht fragen Sie sich, warum gerade ein Rechtsanwalt dieses Buch schreibt.

Diese Frage stellt sich vor allem deshalb, weil sich das Buch nicht nur an Rechtsanwälte, Unternehmer, Wirtschaftstreuhänder, Mediatoren, Richter, Politiker und alle anderen, die täglich verhandeln oder Probleme mit Kreativität lösen wollen richtet, sondern an jeden Menschen, der häufig verhandelt oder der seine Probleme mit Kreativität lösen will, unabhängig von seinem Beruf, seiner Tätigkeit, seiner Stellung, seinem Alter und seinem Einkommen.

Die Antwort ist einfach: Auch mein Beruf als Rechtsanwalt erfordert laufend kreatives, schöpferisches Handeln.

Es geht mir ähnlich wie vielen anderen freien Berufen und wie vielen Unternehmern natürlich auch darum, Verhandlungen erfolgreich zu führen, neue Produkte zu entwickeln und dem Klienten anzubieten, neue Märkte zu erschließen, neue Klienten zu den bestehenden hinzuzugewinnen oder sich im Wettbewerb durchzusetzen. Aber es geht zusätzlich noch um die folgenden sechs Schwerpunkte:

1. Gerade bei Verhandlungen, die wir für den Klienten vorbereiten oder gemeinsam mit dem Klienten oder in seiner Vertretung führen, ist Kreativität bereits bei der Vorbereitung und dann auch bei der tatsächlichen Verhandlung von besonderer Bedeutung.
2. Auch muss bei jedem Auftrag konsequent in jedem Stadium immer wieder geprüft werden, wie die Position des Klienten verbessert werden kann.
3. Dann muss genau überlegt werden, mit welchen Mitteln für den Klienten am schnellsten das gesetzte Ziel erreicht werden kann, und zwar mit einem möglichst geringen Kostenaufwand.
4. Es muss schließlich alles getan werden, um das Ziel des Klienten möglichst ohne Prozess zu erreichen.
5. Es müssen auch neue Lösungen für Probleme gesucht werden.
6. Die ganze Arbeit steht schließlich vor der Kernfrage: Wie kann ich initiativ mit Ideen und Aktionen gestaltend in das Geschehen eingreifen, also nicht nur reagieren, sondern dynamisch und aktiv agierend die Arbeit im Interesse des Klienten vorantreiben.

Diese grundsätzlichen Überlegungen gelten für den eigenen Kanzleibetrieb in gleicher Weise wie für die Beratung eines privaten Klienten oder eines Unternehmers mit seinen acht, fünfzig oder zehntausend Dienstnehmern.

Deshalb ist Kreativität auch beim Rechtsanwalt, bei jedem freien Beruf die notwendige Voraussetzung für einen Erfolg, der über dem Durchschnitt liegt. Die Suche nach kreativen Lösungen hat mich vor zehn Jahren veranlasst, ein Büchlein zum Thema „Kreativität in der Praxis" zu verfassen. Viele Anregungen und Hinweise, auch die Beispiele aus diesem Büchlein sind im gegenständlichen Werk mit aufgenommen.

So ist der kreative Unternehmer nicht nur in den USA, sondern auch in Europa Motor des Fortschritts, weil eben Kreativität ein Eckpfeiler jeder unternehmerischen Tätigkeit ist.

Bei Verhandlungen ist das Ziel jeder Verhandlung die Befriedigung von Bedürfnissen beider Verhandlungspartner.

Je mehr kreative Lösungen gefunden werden, desto eher ist das Ziel für beide erreichbar und deshalb ist Kreativität für mich ein Thema, das mich seit Jahren fasziniert.

Wo wird nun Kreativität benötigt?

Kreativität wird überall benötigt: In den Bereichen der Wirtschaft, Anwaltschaft, Verhandlungstechnik, Rechtsprechung, Gesetzgebung, Steuerberatung, Mediation, Unternehmensberatung, Werbung, Diplomatie, Politik, Stadtplanung, Rhetorik, Architektur, Kultur, Psychologie, Religion, Forschung, Erziehung, Freizeit, im Umweltschutz, im Unterricht, ja auch im Haushalt, zB. für neue Speisen, für bessere Raumaufteilung, in der Geselligkeit, um mit Witz und Schlagfertigkeit reagieren zu können, letztlich also auch im persönlichen Leben des Einzelnen.

Kreativität ist die Grundlage für die Weiterentwicklung der Welt. Auch in der Vergangenheit wurden Probleme mit Kreativität gelöst. Als Ergebnis gibt es heute viele Einrichtungen zB. Rotes Kreuz, Amnesty International, SOS-Kinderdörfer, Caritas, Bewährungshilfe, Freiwillige Feuerwehr, Bergwacht, Marshallplan, Paritätische Kommission, etc.

Auch in der Zukunft müssen Probleme mit Kreativität gelöst werden. Das kann dazu führen, dass Lösungen, die heute absurd erscheinen, in Zukunft normal sein werden. Wer hätte vor 30 Jahren gedacht, dass entlang der Autobahn Mauern gebaut werden, um die Bevölkerung vor dem Lärm der Fahrzeuge zu schützen?

Die Gesellschaft braucht Kreativität, um ihren Bestand und Fortschritt sichern zu können. In der Kreativität liegt die Chance für die Menschheit.

Kreativität ist dort gering,

- wo keine Not herrscht,
- wo am meisten Sicherheit und
- wo am wenigsten Druck besteht.

Dies trifft zum Beispiel häufig bei der staatlichen Verwaltung zu und oft auch bei bereits gewählten Politikern, deren Position für eine Legislaturperiode abgesichert ist, wenn sie keine Verlängerung ihres Mandats anstreben. Ausnahmen bestätigen die Regel.

Kreativität ist dort am stärksten,

- wo Not herrscht,
- wo große Unzufriedenheit besteht,
- wo keine Sicherheit besteht,
- wo Zeitdruck herrscht,
- wo starker Druck von außen ausgeübt wird,
  - sei es vom Staat mit seinen vielen Gesetzen,
  - sei es vom Staat mit seinen hohen Steuern,
  - sei es im Wettbewerb in der freien Wirtschaft.
- wo Risikobereitschaft gegeben ist,
- wo jeder willkommen ist, der anders denkt.

Worum geht es nun bei Kreativität? Es geht darum,

- mit schöpferischem Denken,
- mit Fantasie,
- mit Originalität und
- mit Ideen,

abseits von der Routine des Denkens, neue, überraschende, manchmal sogar scheinbar vernunftwidrige Lösungen beim Denken, beim Reden und beim Handeln zu finden.

Und diese Aufgabe stellt sich jedem Menschen bei seinem Versuch, ein Problem zu lösen, das aus dem Rahmen der Routine herausfällt.

In unseren Ausbildungssystemen von der Volksschule bis zur Universität wird Kreativität noch viel zu wenig gefördert.

Die Schüler und Studierenden werden meist viel zu viel mit Wissen voll gestopft, wobei die Zahl der Fehler bei der Reproduktion des Wissens meist wieder ausschlaggebendes Kriterium für die Beurteilung der Leistung ist. Aber die Kreativität kommt zu kurz.

Ich bin überzeugt, dass jeder (!) Mensch Fantasie und Kreativität hat, auch Sie. Nicht in dem Sinn, dass jeder ein begnadeter Schriftsteller, Maler, Bildhauer, Architekt, Komponist oder Künstler ist, sondern dass er die für den beruflichen und privaten Alltag erforderliche Kreativität hat und diese weiter entwickeln kann, um sein Leben und die damit verbundenen Probleme leichter zu bewältigen.

Kreativität wird in besonderer Weise durch kreative Vorbilder und Beispiele angeregt. Je mehr es dem einzelnen dadurch gelingt, die auch in ihm ruhende Kreativität zu aktivieren, um so sicherer wird er in die Zukunft gehen können. Wer nicht über die Zukunft nachdenkt, wird kaum eine selbst gestaltete Zukunft haben.

Mit Ihrer Kreativität haben Sie ein Kapital, das in keiner Steuererklärung aufscheint und das bei richtigem Einsatz ungeahnte Zinsen trägt.

Und auf dem Weg zum richtigen Einsatz möchte ich versuchen, Ihnen mit diesem Buch behilflich zu sein.

Für die mühevolle und genaue Durchsicht und Kontrolle des Manuskriptes bin ich dem früheren Direktor der Universitätsbibliothek Innsbruck, Herrn Hofrat Dr. Oswald Stranzinger, in besonderer Weise dankbar.

Innsbruck, 7. November 2000 Ivo Greiter

I. Wie kann Kreativität eingeübt werden?

Ich bin überzeugt, dass Kreativität eingeübt werden kann, dass sie auch erlernbar ist. Und zwar deshalb, weil ich glaube, dass Kreativität nicht unbedingt von der Intelligenz oder davon abhängig ist, ob man als Genie geboren wurde, sondern vor allem auch davon, ob man die richtige Technik entwickelt, um Kreativität zu lernen und zu üben.

*

Drei Schritte sind wichtig auf diesem Weg des Lernens und des Übens:

1. Das Erwerben des Wissens, auf welchem Weg, mit welchen Fragen und Denkanstößen kreatives Denken ausgelöst wird:

   Diese Fragen und Denkanstöße sind in den im V. Abschnitt enthaltenen Denkanstößen zusammengestellt. Sie sind als Anregungen gedacht und sollen von Ihnen ergänzt werden.

2. Das Analysieren von kreativen Lösungen, die andere gefunden haben:

   Meist sind wir neidisch, wenn jemand eine besonders gute Idee gehabt hat. Lösen wir uns vom Neid und versuchen wir zu ergründen, wie der Betreffende zu dieser Idee gekommen ist.

   Bemühen Sie sich also, das kreative Verhalten anderer zu analysieren und schreiben Sie die Schlussfolgerungen daraus auf. Auf diesem Wege bekommen Sie mehr Gespür für kreatives Verhalten.

   Sicher ist aus der Analyse fremden Verhaltens weder eine vollständige, noch eine besonders originelle Kenntnis der Kreativität zu erlangen. Aber das fremde Verhalten ist ein Ansatzpunkt und beinhaltet entsprechende Anregungen. Und die Analyse kann von Ihnen selbst erarbeitet werden.

   Bei dieser Analyse sollen Ihnen die Beispiele im III. und im IV. Abschnitt behilflich sein.

3. Das eigene Üben im Alltag:

   Jeder von uns, sicher auch Sie, erlebt häufig, wie andere Menschen Verhandlungen führen, Probleme bewältigen und Entscheidungen treffen. Oft ist man auch selbst vor Probleme gestellt und muss Entscheidungen treffen. Die nachträglich überlegten Fragen

- „wie hätte ich diese Situation gelöst“ oder
- „wie anders würde ich die erlebte Situation im Wiederholungsfalle lösen“

zwingen zum Nachdenken über die vergangenen Situationen. Daraus wächst dann die Übung für ähnliche Situationen, die in der Zukunft liegen.

Damit trainieren Sie kontinuierlich Ihre eigene Kreativität. Sie werden mit Sicherheit feststellen, dass Sie schon nach wenigen Wochen Ihre Kreativität bewusster einsetzen können. Sie werden selbstsicherer werden bei Verhandlungen und in der Bewältigung von Entscheidungen und Problemen.

Und noch etwas: Halten Sie jede Idee, die Sie selber haben oder irgendwo hören, ganz gleich, welches Gebiet die Idee betrifft, sofort auf einem eigenen kleinen Zettel fest, den Sie dann in eine Schachtel geben. Verwenden Sie für jede Idee nur einen Zettel. Irgendwann kommt der Zeitpunkt, wo Sie auf diese Idee zurückgreifen werden, sei es, um sie zu realisieren, sei es, um daraus Anregungen für andere Ideen ableiten zu können.

*

Neben den hier aufgezeigten Schritten des Lernens und Übens gibt es noch viele mehr oder weniger bekannte Techniken wie zB. Brainstorming, Brainwriting, Assoziative Technik etc., über die bereits eine umfassende Literatur vorliegt. Deshalb wird auf diese Techniken im Rahmen dieses Buches nicht eingegangen.

II. Wie kann Kreativität bei Verhandlungen eingesetzt werden?

Auch für den Erfolg bei Verhandlungen gilt die bekannte Aussage:

- 1% ist Inspiration,
- 99% sind Transpiration.

Oder noch deutlicher: Die Inspiration, die Ideen, die Kreativität kommen erst dann richtig zur Wirkung, wenn wir die Schweißarbeit der Vorbereitung erledigt haben.

Die umfassende Kenntnis der Sache und der Probleme muss in der Vorbereitung erarbeitet werden. Diese Vorbereitung ist ausschlaggebend für den Verhandlungserfolg.

Je mehr Mühe auf die Vorbereitung gelegt wird, desto sicherer sind wir und desto weniger Aufwand an Zeit und Mühe benötigen wir in der Verhandlung.

Man wundert sich, wie oft aus dem Stegreif verhandelt wird; häufig entsprechen die Ergebnisse dann auch der Qualität der Vorbereitung.

Deshalb finden Sie im Folgenden einige Vorschläge. Dabei muss uns aber immer bewusst sein, dass manchmal auch bewusst das Gegenteil gemacht werden und trotzdem richtig sein kann.

A. Erarbeiten unseres konkreten Verhandlungszieles und Planung des erwarteten Verhandlungsablaufes:

Dies wird je nach der Bedeutung, die die Verhandlung und deren Ausgang für uns hat, verschieden zeit- und arbeitsintensiv sein.

Erfahrungsgemäß kann deshalb diese Vorbereitung mehrere Wochen oder auch nur eine Stunde in Anspruch nehmen.

1. Was ist unser optimales Ziel:
   - was sollte also im günstigsten Fall für uns das Ergebnis der Verhandlungen sein
   - wenn wir mehrere Ziele haben, sollten diese nach Priorität gereiht werden
   - wir müssen auch prüfen, ob unser optimales Ziel auch für die Zukunft eine optimale Lösung ist

- alle Ziele sollten schriftlich formuliert werden und dürfen dann während der Verhandlung nicht mehr aus den Augen gelassen werden

2. Wie muss das erreichte Ergebnis strukturiert werden, damit es umgesetzt werden kann:

- genügt es, wenn in den Verhandlungen eine Lösung mit Handschlag vereinbart wird, genügt also eine mündliche Zusage
- soll das Ergebnis von einem der Beteiligten schriftlich festgehalten werden
- soll dieses Schriftstück von beiden unterschrieben werden
- brauchen wir einen formellen Vertrag
- brauchen wir einen gerichtlichen Vergleich
- brauchen wir Sicherheiten
- brauchen wir eventuell zusätzlich die Haftung des Ehepartners
- brauchen wir eine Bankgarantie
- genügt uns ein Scheck oder ein Wechsel
- oder nehmen wir nur Bargeld
- überlegen wir bereits jetzt, was wir benötigen, um die Erfüllung erzwingen zu können, wenn der Verhandlungspartner sich nicht mehr an das Ergebnis halten will
- brauchen wir also bereits jetzt eine weitere Vereinbarung, die unsere Sicherheit vergrößert wie zB. die Übergabe eines Sparbuches

3. Was sind unsere Stärken:

- Liste unserer Stärken aufstellen
- ausarbeiten, wie wir möglichst oft unsere Stärken in die Diskussion einbringen können

4. Was sind unsere Schwächen:

- Liste unserer Schwächen aufstellen
- ermitteln, wo wir leicht angreifbar sind
- überlegen, wie wir die Erörterung dieser Bereiche in der Diskussion vermeiden können
- welche Schwächen sind unserem Verhandlungspartner voraussichtlich bekannt
- wie kann er diese Schwächen ausnützen

5. Welche Punkte unseres optimalen Zieles sind unverzichtbar:

- bei welchen Bereichen ist für uns jedes noch so kleine Nachgeben ausgeschlossen
- was sind die unveränderlichen Kernpunkte unseres optimalen Ziels, die nicht verhandelbar sind

6. Bei welchen Punkten können wir nachgeben:
   - wo können wir Entgegenkommen signalisieren
   - was heben wir uns als Gegenleistung für spätere Zugeständnisse des Verhandlungspartners auf
7. Welchen Spielraum haben wir bei den anderen Verhandlungsgegenständen:
   - sind wir auch mit einem geringen Betrag einverstanden
   - wo können wir nachgeben, um insgesamt ein besseres Ergebnis zu erzielen
   - wenn wir im wichtigsten Verhandlungspunkt nicht weiterkommen, mit welchen Nebenpunkten könnten wir dann die Gespräche weiterführen
   - wenn wir in der Verhandlung gar nicht weiter kommen, gibt es andere Möglichkeiten, um zumindest einen kleinen Erfolg zu erzielen, wie zB. statt Gehaltserhöhung einen Gratisparkplatz auf dem Firmengelände
   - was sind die Bereiche, die verhandelbar sind, wie Zahlungsbedingungen, Zinssatz bei Zahlungsverzug, Ratenvereinbarung, Vorauszahlungen, Skonto, Rabatt, kostenlose Zusatzleistungen, umfassendere Garantie, verlängerte Garantiezeit etc.
8. Was sind für uns die Alternativen, wenn die Verhandlungen mit dem Verhandlungspartner nicht zum gewünschten Ergebnis führen:
   - zuerst müssen wir alle Alternativen durchdenken
   - dann halten wir die Alternativen schriftlich fest
   - dann reihen wir die Alternativen nach den besten Lösungen
   - bleibt uns vielleicht nur die Klage
   - können wir überhaupt klagen
   - können wir die Belieferung stoppen
   - haben wir die Möglichkeit der Strafanzeige
   - könnten wir eventuell mit jemandem anderen neue Verhandlungen führen
9. Was sind unsere Not-Alternativen:
   - was würde das Ärgste sein, wenn die Verhandlungen total scheitern
   - wie könnten wir damit zurecht kommen
   - wie weit würden wir zB. auf sofortige Zahlungen verzichten, um das unverzichtbare Ziel durchzusetzen
   - wie weit würden wir auf die Forderung verzichten, um einen Prozess zu vermeiden
   - würden wir einen Prozess führen

10. Verteilung der Rollen für das Verhandlungsgespräch:
    - wer nimmt am Gespräch auf unserer Seite teil
    - sind alle unsere Teilnehmer über den geplanten Ablauf informiert
    - sind auch alle über die Vorgeschichte, über den derzeitigen Stand der Gespräche und über die Ziele informiert
    - gibt es noch Meinungsverschiedenheiten in unserem Verhandlungsteam
    - wer ist auf unserer Seite Verhandlungsführer
    - müssen alle Teilnehmer die ganze Zeit da sein
    - wer macht bei der Vorbesprechung und dann bei der Verhandlung ein internes Protokoll
    - wie werden unsere Teilnehmer vorgestellt
    - wer bereitet sich auf welche Frage genau vor
    - welche Unterlagen brauchen wir für den Nachweis von Zahlen, Daten, Fakten, Thesen, etc.
    - welche Unterlagen nehmen wir mit
    - wer ist für welches Dokumentationsmaterial und dessen übersichtliche Ordnung zuständig und nimmt es mit
    - wer beginnt die Verhandlung und legt den Sachverhalt dar
    - wie weit gehen die Kompetenzen unserer Verhandlungsleiter
    - ist unser Verhandlungsteam entscheidungsbefugt
11. Ermittlung unserer Argumente:
    - welche Argumente haben wir
    - ergeben sich aus unseren Argumenten auch Vorteile für den Verhandlungspartner
    - welche Beweise haben wir zur Stützung unserer Argumente
    - welche Beispiele haben wir zur Stützung unserer Argumente
    - welche Vergleiche und Bilder haben wir zur Stützung unserer Argumente
    - schriftliche Festhaltung unserer Argumente auf einer Liste
    - Reihung unserer Argumente nach Durchschlagskraft
12. Festlegung, welche unserer Argumente in das Verhandlungsgespräch eingebracht werden:
    - entscheiden, welche der ermittelten Argumente in die Verhandlung eingebracht werden sollen
    - die Argumente, die eingebracht werden, genau ausformulieren
    - deren Reihenfolge fixieren
    - abklären, welche Argumente nicht eingebracht werden
    - überlegen, ob statt der Argumente etwas anderes vorgebracht werden kann

- überlegen, ab wann überhaupt argumentiert werden soll
- entscheiden, wer unsere Argumente einbringt
- überlegen, ob wir unser Ziel an die Erwartung von Fairness und Anstand koppeln können

13. Festlegung der Grundlage des Verhandlungsgesprächs:
    - wo findet die Verhandlung statt
    - kann der vom Verhandlungspartner vorgeschlagene Raum vorher besichtigt werden
    - ist es auch dem Verhandlungspartner klar, dass er nicht plötzlich andere Verhandler entsendet
    - dürfen zusätzliche Personen wie zB. Fachleute mitgebracht werden
    - gibt es Debattenordnungen, Geschäftsordnungen etc., nach denen bei der Verhandlung vorgegangen werden muss
    - wer besorgt diese Unterlagen und nimmt sie mit
    - gibt es eine formelle schriftliche Tagesordnung
    - wer erstellt sie
    - wer kann sie ändern
    - ist die Dauer der Gespräche festgelegt
    - werden vorher die Namen, Funktionen und Positionen der Teilnehmer dem Verhandlungspartner übermittelt
    - sind die Verhandlungen vertraulich, oder werden die Medien informiert
    - haben alle anwesenden Verhandlungsteilnehmer zugestimmt, dass nicht an die Öffentlichkeit gegangen wird
    - wie reagieren wir, wenn sich der Verhandlungspartner entgegen der Vereinbarung an die Medien wendet
    - wie reagieren wir, wenn aus uns unbekannten Quellen die Medien informiert werden und berichten

14. Planung des Ablaufes für das Verhandlungsgespräch:
    - prüfen, ob seitens des Verhandlungspartners alle Forderungen bekannt gegeben worden sind, damit Nachforderungen verhindert werden
    - wissen alle Teilnehmer auf unserer Seite, dass wir vorerst den kompletten Vorschlag des Verhandlungspartners abwarten, bevor wir eigene Vorschläge zur Diskussion stellen
    - interne Festlegung, welche Informationen in der Verhandlung nicht weitergegeben werden sollen
    - welche Reihenfolge der Themenbehandlung schlagen wir vor
    - die gewichtigsten Argumente nicht gleich an den Anfang

15. Was sind häufige Fehler beim Verhandlungsgespräch und wie können wir sie möglichst verhindern:
    - welche Fehler haben wir in der Vergangenheit oft gemacht und wie wollen wir sie jetzt verhindern
    - was hätten wir bei anderen Verhandlungsgesprächen lieber anders gemacht, was lernen wir daraus für das jetzt zu führende Gespräch
    - wie können wir unsere Verärgerung zurückhalten, wenn der Verhandlungspartner mit unzumutbaren Forderungen kommt
    - wie können wir unsere Emotionen im Griff behalten, um nicht einen Abbruch der Gespräche zu provozieren
    - wie können wir verhindern, dass wir Vorschläge des Verhandlungspartners sofort ohne genaue Überlegung zurückweisen, weil sie uns als völlig absurd erscheinen, obwohl es erfahrungsgemäß besser wäre, auch diese Vorschläge unter allen Aspekten genau zu prüfen
    - wie können wir verhindern, dass unsere Verhandlungsteilnehmer ins ungebremste oder nicht mehr kontrollierte Reden oder Plaudern kommen
    - wie können wir verhindern, dass einer unserer Verhandlungsteilnehmer vom Verhandlungspartner immer direkt als Gesprächspartner angesprochen wird, obwohl dieser zu konkreten Fragen oder zum Thema überhaupt nichts sagen will
    - überlegen, welche Getränke gemieden werden sollen, damit nicht die Ausdauer und Urteilskraft geschwächt werden

16. Erarbeitung der vermuteten Position des Verhandlungspartners:
    - versetzen wir uns für die Vorbereitung ganz in die Rolle des Verhandlungspartners
    - welche Wünsche und Ziele hat der Verhandlungspartner
    - welche Interessen hat der Verhandlungspartner
    - was hat der Verhandlungspartner bisher gesagt
    - mit welchen Argumenten hat er dies begründet
    - ist mit zusätzlichen Argumenten zu rechnen
    - wer von uns bezieht in der Vorbereitung den Standpunkt des Verhandlungspartners und arbeitet die entsprechenden Argumente des Verhandlungspartners samt Begründung aus
    - erarbeiten einer Liste mit den vermuteten Zielen des Verhandlungspartners
    - erarbeiten einer Liste mit den vermuteten Interessen des Verhandlungspartners
    - erarbeiten einer Liste mit den vermuteten Argumenten des Verhandlungspartners

- erarbeiten einer Liste mit den vermuteten Fragen des Verhandlungspartners

17. Einholung von Informationen über den Verhandlungspartner:
    - hat schon jemand Erfahrungen mit einzelnen Verhandlungspartnern gemacht
    - welche Informationen können aus diesen Erfahrungen gewonnen werden
    - war es uns möglich, zu erheben, wer die letzte Kompetenz für die Genehmigung des Verhandlungsergebnisses hat
    - gibt es schriftliche Unterlagen zum Verhandlungspartner wie zB. Geschäftsberichte, Auszüge aus dem Handelsregister, etc.
    - wer sind die Verhandlungspartner: Name, Funktion, Titel
    - kann uns jemand anderer etwas über deren bisherige Verhandlungsstrategie und deren übliche Vorgangsweise erzählen
    - gibt es Zitate des Verhandlungspartners wie zB. bei einer Versicherung „wir zahlen gerne“
    - gibt es Zitate des Verhandlungspartners in Medien: deren Erwähnung schmeichelt oft dem Verhandlungspartner, weil wir die Zitate gelesen und offensichtlich für wichtig gefunden haben. Diese Zitate sind meist vom Verhandlungspartner unwiderlegbar

18. Was sind die Stärken unseres Verhandlungspartners:
    - schriftliche Zusammenstellung der von uns vermuteten Stärken anfertigen
    - überlegen, welche Stärken von uns nicht beseitigbar sind
    - prüfen, welche Stärken reduziert werden können
    - glauben wir, dass der Gesprächspartner unbedingt eine Verhandlungslösung will

19. Was sind die Schwächen unseres Verhandlungspartners:
    - schriftliche Zusammenstellung der von uns vermuteten Schwächen
    - überlegen, wie wir diese immer wieder in die Verhandlungen einbringen können, ohne den Gesprächspartner zu verletzen oder ins Eck zu drängen

20. Festlegen, wie wir auf die Positionen des Verhandlungspartners reagieren:
    - wie werden die erwarteten Fragen des Verhandlungspartners beantwortet
    - wann werden unsere Gegenargumente gebracht
    - wer bringt unsere Gegenargumente

- ist es überhaupt erforderlich, Gegenargumente zu bringen
- wie wird die Reaktion des Verhandlungspartners auf unsere Gegenargumente sein
- können wir Argumente anerkennen und durch Umdrehen für unsere Ziele verwenden
- wie können wir unser Ziel für den Verhandlungspartner attraktiv machen
- Liste gut formulierter Antworten für je einen Fachbereich zusammenstellen

21. Welche Fragen werden wir an den Verhandlungspartner richten:
    - Fragen und Themenbereiche vorbereiten
    - bei kritischen Fragen genaue Formulierung ausarbeiten
    - mögliche Antworten des Verhandlungspartners überlegen
    - unsere Reaktion auf diese Antworten überlegen
    - sind die Verhandlungspartner auch entscheidungsbefugt
    - je mehr man frägt, desto weniger muss man selbst reden
    - Bitte an den Verhandlungspartner, einiges über sein Unternehmen und sich selbst zu erzählen

22. Mit welchen Überraschungen müssen wir seitens des Verhandlungspartners rechnen:
    - was vermuten wir
    - was ist überhaupt denkbar
    - wie würde unsere Reaktion darauf sein
    - können wir die Überraschung zu unserem Vorteil verwenden
    - können wir die Überraschung durch eine Überraschung auf unserer Seite neutralisieren
    - genügt es, wenn wir dann eine Unterbrechung erklären, damit wir uns mit dem neuen Vorbringen befassen können
    - welche neuen Informationen erwarten wir
    - wie können wir die Richtigkeit dieser Informationen überprüfen
    - welche Drohungen sind denkbar
    - wie reagieren wir darauf

23. Wenn alles geklärt und abgesprochen ist, kann es, gerade bei mehr Verhandlungsteilnehmern in unserem Team, besonders hilfreich sein, eine übersichtliche schriftliche Zusammenstellung anzufertigen:
    - diese enthält die eigenen Ziele
    - weiters die eigenen Argumente
    - die erwarteten Ziele und Positionen des Verhandlungspartners
    - die erwarteten Argumente des Verhandlungspartners

- dies ist wichtig, damit alle unsere Teammitglieder auf dem gleichen Informationsstand sind
- die Zusammenstellung erleichtert auch den Überblick über alle verfügbaren Dokumente
- die Zusammenstellung ist für die Teilnehmer während der Verhandlungssituation jederzeit greifbar
- die schriftliche Zusammenstellung verringert die Nervosität und gibt mehr Sicherheit in den Verhandlungen
- nach Abschluss der Verhandlungen ist die Ermittlung der Differenz zwischen Zielvorstellung und Ergebnis erheblich leichter

24. Ausreichend Zeit für die interne Vorbesprechung nehmen, damit kein Druck entsteht:
    - am Besten ausführliche Besprechung und Vorarbeit einige Tage vor dem Termin
    - ein Treffen zur 1. Vorbesprechung eine Stunde vor der Verhandlung ist kritisch: jede Wortmeldung steht unter dem Druck des Zeitablaufes, weil das Treffen mit dem Verhandlungspartner in wenigen Minuten beginnt; es besteht auch keine Zeit mehr für eine unerwartet notwendige Recherche, eventuell mit außen stehenden Fachleuten
    - die letzte Abschlussbesprechung direkt vor dem Termin kann aber dann durchaus hilfreich sein, wenn noch letzte Informationen und Ideen zur Strategie ausgetauscht werden.

B. Erarbeiten kreativer Wasserfälle

Jeder kennt einen Wasserfall in der Natur. Meist stehen wir staunend davor, man wird still, lässt das fallende Wasser auf sich wirken, man kann lange zuschauen, es gibt immer wieder andere Formen.

Leichter Wasserdunst stäubt auf den Betrachter. Wenn man mit den Augen das fallende Wasser verfolgt, gibt es fast stehende Gebilde.

Es gibt eine Unzahl von Wasserfällen, große, kleine, zierliche, hohe, breite, reißende, gemächliche, rauschende, tosende, leise, laute, schmale, gefährliche, solche zum Darunterstellen etc. So vielfältig wie die Fantasie und die Kreativität gibt es auch eine Vielzahl von Wasserfällen und eine Vielzahl von Arten, wie das Wasser fällt.

Kein Tropfen im Wasserfall fällt gleich, so wie keine einzige Welle im Meer der anderen gleicht. Wir müssen unsere Gedanken wie bei einem Wasserfall herunterfallen lassen, sodass eine Idee auf die anderen folgt, sich vermischt, sich überschlägt. Unter den vielen herunterfallenden Gedanken sind etliche kreative dabei.

Wenn wir beim aufmerksamen Lesen der Zeitungen, bei Teilnahme an Versammlungen und beim Verfolgen von Fernsehdiskussionen die Gedanken wie bei einem Wasserfall herunterfallen lassen, können immer wieder neue kreative Denkanstöße erkannt, übernommen und aufgeschrieben werden. Wenn wir sie nicht schriftlich festhalten, verschwinden sie meist wieder so schnell, wie sie uns eingefallen sind.

Es geht darum, das Ungewöhnliche und Unerwartete zu sehen und gedanklich aufzunehmen, wie beim Beispiel Nr. 110: „Das Ei des Columbus", oder beim Beispiel Nr. 76: „Der Gordische Knoten"

Welche ungewöhnlichen und kreativen Alternativen und Argumente sind nun denkbar, wenn man das eigene Umfeld, das des Verhandlungspartners und das des Verhandlungsortes betrachtet und zu gestalten versucht:

1. Sitzordnung:
   - Sitzanordnung überlegen und wenn möglich selbst gestalten
   - vorher Raum und vorbereitete Sitzanordnung ansehen
   - Sitzordnung gegenüber bewirkt Konfrontation
   - Sitzordnung nebeneinander zwingt mehr zur Kooperation
   - wenn ich mich neben jemanden setze, ist es diesem fast unmöglich, mich anzugreifen
   - Sitzordnung eventuell durch Namensschilder festlegen, Schilder sollten von beiden Seiten lesbar sein

2. Funktion des Essens und Trinkens:
   - im Mittelalter wurde der Gegner oft vergiftet und war damit erledigt
   - das würde heute weitgehend als unpassend empfunden werden
   - fallweise finden wichtige Sitzungen aber immer noch nach umfangreichen Mittagessen statt; die Kritiker werden zwar nicht vergiftet, sind aber möglicherweise schläfrig oder sogar geistig weggetreten
   - elegantere Methode: ein Essen, anberaumt knapp nach der wichtigen Sitzung, führt dazu, dass einige der Teilnehmer ungeduldig sind und schnell weiterkommen wollen; auch der, der viel fragen möchte, hält sich zurück, um sich nicht den Unmut der anderen zuzuziehen
   - positive und verbindende Funktion des Anbietens von Getränken
   - Festigung der Kooperation durch Anbieten von Zigaretten; der erbitterte Gegner nimmt keine Zigarette
   - Anbieten von Kaffee, kleinen Süßigkeiten oder Knabbereien lockert die Verhandlungsatmosphäre

- der frühere Präsident des Tiroler Landtages, DDr. Alois Lugger, beendete aggressive hitzige Debatten am späten Vormittag oft dadurch, dass er die Sitzung unterbrach, damit alle Abgeordneten essen konnten; nach dem Essen bei der Fortsetzung war es dann meist viel friedlicher

3. Äußerlichkeiten:

- Änderung des Problems durch Änderung der Bezeichnung. Beispiel Nr. 44: „Umgang mit Demonstranten im 19. Jahrhundert"; Beispiel Nr. 21: „Die Brücke"; Beispiel Nr. 156: „Das abschreckende Vöcklabruck"
- der irakische Präsident Saddam Hussein bezeichnete 1998 seine über 60 Riesenanlagen im Irak, teilweise von der Größe einer Stadt, als „Paläste", um sie der Durchsuchung durch die UNO zu entziehen
- der frühere österreichische Bundeskanzler Kreisky sprach beim Export von Panzern nur von „Kettenfahrzeugen", um die Mobilisierung von Gefühlen zu vermeiden
- manche Finanzminister sprechen bei einer wirtschaftlichen Stagnation von „Nullwachstum" oder beim Schrumpfen der Wirtschaft von „Minuswachstum"
- manche Firmenfusionen scheitern bereits im Vorfeld an der fehlenden Einigung darüber, wie mit den bisherigen Firmennamen umgegangen wird

4. Zusätzliche Aspekte einbringen:

- die Frage nach einem fehlenden Bild wird auf die Frage reduziert, wann eines geschenkt wird; Beispiel Nr. 15: „Der Bankier und das Hitlerbild"
- das Objekt ist so wertvoll, dass es nur geschenkt werden kann; Beispiel Nr. 37: „Die Kaiserliche Hofburg zu Innsbruck"
- bei politischer Diskussion wird die Richtigkeit der Aussage nachher überprüft, Beispiel Nr. 79: „Fernsehduell mit Wette"
- der Verhandlungspartner wird abgelenkt oder unter psychologischen Druck gesetzt, Beispiel Nr. 22: „Hungerstreik gegen ein Urteil" oder Beispiel Nr. 61: „Die Terroristin"
- gemeinsam überlegen, ob die Beiziehung eines Dritten als Vermittler sinnvoll sein könnte

5. Beispiele und Bilder erarbeiten:

- weltweit erfolgreichstes Buch ist die Bibel, sicher auch weil die einzelnen Situationen durch so viele Bilder, Gleichnisse und Beispiele plastisch vorstellbar sind, wie die Hochzeit von Kanaa, die Brotvermehrung, die Auferstehung des Lazarus, etc.

- die Aussage: „Kompromiss liegt meist in der Mitte“ ist widerlegbar durch das Beispiel: ist zwei mal zwei vier oder acht? Der Kompromiss in der Mitte wäre sechs, wäre aber grundfalsch
- ein besonders gutes Bild wird durch die Aussage vermittelt: „der Köder muss dem Fisch schmecken, nicht dem Angler“
- Beispiele aus dem Leben bringen, wie Beispiel Nr. 1: „Das amputierte Bein der Tante“, Beispiel Nr. 154: „Dann könnten wir die Motoren abstellen“ oder Beispiel Nr. 155: „Der fehlende Löffel“
- wir könnten auch eine Demonstration der vorgeschlagenen Anwendung oder des vorgeschlagenen Einsatzes, ein Warenmuster, einen Versuch, eine kostenlose Probezeit etc. anbieten

6. Erfahrungen und Zitate suchen:
   - das können Zitate aus Märchen, Theaterstücken, aus der Bibel oder Slogans etc. sein
   - aus Büchern, Erlebnissen, aktuellen Ereignissen können Erfahrungen abgeleitet werden, die plastisch präsentiert werden
   - auch lustige Vorfälle, Redewendungen, Zitate etc. können zur besseren und bildhafteren Darstellung verwendet werden
   - zB. aus der Bibel: „eher kommt ein Kamel durch ein Nadelöhr als ein Reicher ins Himmelreich“
   - der Innsbrucker Caritasdirektor Georg Schärmer stellt die Herbst-Caritassammlung 2000 unter das Motto „ÖsterREICH hilft ÖsterARM“

7. Zusammenstellen einer Liste mit Präzedenzfällen:
   - ähnliche Situationen, bei denen eine bestimmte Verhaltensweise oder Argumentation zum Erfolg geführt hat, können als ein besonders starkes Argument eingesetzt werden; Beispiel Nr. 154: „Dann könnten wir die Motoren abstellen“

8. Übertreibungen:
   - Argumente können durch Übertreibung entkräftet werden, Beispiel Nr. 66: „Ihre Frau ist also nur 10 cm groß“ und Beispiel Nr. 151: „Produktivität“
   - zu einzelnen Situationen eigene Ideen und Bilder erarbeiten

9. Unerwartetes tun:
   - das Gegenteil dessen tun, was erwartet wird, Beispiel Nr. 88: „Die Belagerung“
   - den Nachteil als Vorteil hinstellen, Beispiel Nr. 62: „Der Gartenzaun“

- Nebensächlichkeiten überbetonen, Beispiel Nr. 143: „Das Strafmandat“
- den Standpunkt des Verhandlungspartners anerkennen und verstehen, Beispiel Nr. 59 „Die Eitelkeit des Abteilungsleiters“
- sich in die Rolle des Verhandlungspartners versetzen und dies auch formulieren

10. Was wäre wenn:

- durch Hinweis auf mögliche zukünftige Entwicklungen und Ergebnisse eine andere Ausgangsposition schaffen, Beispiel Nr. 26: „Kreiskys Erfolge“
- bei Verhandlungen zB. wegen Verkauf der Hälfte eines Hauses an den Verhandlungspartner: Wenn wir um diesen Preis Ihre Hälfte kaufen würden? Beispiel Nr. 20: „Die Firmenaufteilung“
- wenn der Wert so hoch ist, dass er gar nicht geschätzt werden kann, schenken, Beispiel Nr. 37: „Die Kaiserliche Hofburg zu Innsbruck“
- „Was würden Sie sagen, wenn wir 1 Million anbieten würden?“
- „Was müsste geschehen, damit Sie unser Angebot annehmen“
- „Was glauben Sie, würde geschehen, wenn wir uns nicht einigen“
- „Was würden Sie tun, wenn wir uns nicht einigen“
- „Was denken Sie, dass wir tun würden, wenn wir uns nicht einigen“

11. Vorteile aufzeigen, die unser Lösungsvorschlag für den Verhandlungspartner hat:

- dem Verhandlungspartner klar sagen, welche Vorteile er bei dieser Lösung hat,
- alle Aspekte dieser Vorteile deutlich und bildhaft herausarbeiten
- je mehr dies gelingt, umso mehr können wir den Verhandlungspartner mit seinen Aussagen in den von uns gewünschten Gedankengang bringen
- das eigene Angebot kostbar machen

12. Humoristisch argumentieren:

- allen war die Absurdität zwar klar und es gab ein großes Gelächter, als der frühere Landeshauptmann von Tirol, Eduard Wallnöfer, in der Diskussion über die Abtretung des Tiroler Landesteiles Osttirol nach Kärnten erklärte, dann würde er 10.000 Tiroler Schützen an der Grenze aufmarschieren lassen. Die Diskussion war damit beendet.
- eher makaber, aber auch zum Schmunzeln ist das Beispiel Nr. 1: „Das amputierte Bein der Tante“

13. Nebensächlichkeiten mit good will im letzten Augenblick unterbringen:
    - wenn der Vertrag fast komplett ausgearbeitet ist, können manchmal noch im letzten Augenblick harmlose Wünsche untergebracht werden.
    - dies gelingt meist deshalb, weil die Erleichterung über die Lösung so groß ist, dass man in Kleinigkeiten großzügig wird.
    - an kleinen Zugeständnissen lässt niemand einen großen Vertrag scheitern
    - nach einer Einigung in wichtigen Punkten können noch zusätzliche Forderungen bei unwichtigen Punkten gestellt werden
    - die ursprüngliche Forderung kann fallweise auch noch nachträglich mit einer entsprechenden Begründung erhöht werden
    - der österreichische Außenminister Ing. Leopold Figl erreichte 1955 bei den Vertragsverhandlungen wegen des österreichischen Staatsvertrages in letzter Sekunde die Streichung der Klausel über die österreichische Mitschuld am 2. Weltkrieg
14. Abweichen vom Routineablauf:
    - wenn einer 800.000 Schilling will und der andere 200.000 zu zahlen bereit ist, ist es üblich, dass man sich durch Nachgeben von Beträgen in der Größenordnung von jeweils zehn- oder hunderttausend Schilling annähert
    - wenn der eine Verhandlungspartner dabei aber statt 800.000 den Betrag von 799.000 anbietet, demonstriert er damit klar, dass er nicht bereit ist, sehr viel nachzugeben
    - auch das letzte Angebot kann möglicherweise durch Ausliefern an den Verhandlungspartner noch verbessert werden, Beispiel Nr. 42: „Das Schmerzensgeld"
    - das Erbitten eines optimalen letzten Angebotes bis zu einem festgelegten Termin mit Hinweis, dass dieses nicht mehr weiter verhandelt wird, es also nur mehr angenommen oder abgelehnt werden kann, bringt meist neue Aspekte
    - wir selber sollten ein „letztes Angebot" nur stellen, wenn wir in Kauf nehmen, dass bei Nichtannahme die Verhandlungen als gescheitert betrachtet werden.
15. Große Streitpunkte nach hinten stellen:
    - bei einem langen Vertragsentwurf die schwierigen Punkte, über die man sich nicht schnell einigen kann, notieren und als Letzte bearbeiten
    - wenn diese Punkte erst nach 5-stündigen kooperativen und intensiven Gesprächen behandelt werden, lassen beide Parteien

den Vertrag ungern scheitern, weil dann die ganze Arbeit von vielen Stunden umsonst gewesen wäre.

- bei Verhandlungen mit Versicherungen zB. darauf schauen, dass das Verschulden geklärt ist und nur mehr der zu zahlende Endbetrag offen ist, dann den Endbetrag verhandeln, Abfindungserklärung der Versicherung entgegennehmen
- bei Stocken der Verhandlungen bisher erreichte Erfolge aufzeigen

16. Eigene Schwächen besonders betonen:

- erklären, dass wir nicht mehr zahlen können, weil wir an diesen Betrag gebunden sind
- oder zB. dass der Klient an den Betrag von 100.000 Schilling gebunden ist, mehr kann aus wirtschaftlichen Gründen nicht bezahlt werden, auch wenn die Sache mehr Wert hat
- darauf hinweisen, dass der Gesprächspartner viel stärker ist, deshalb auch mehr nachgeben muss

17. Sympathien betonen:

- Hinweis, dass das Angebot bereits in einem fairen Rahmen ist, aber noch weiter aufgebessert werden muss
- Hinweis, dass wir dankbar sind, dass der Verhandlungspartner das Projekt so gut vorbereitet hat
- Hinweis, wie dankbar wir sind, in einem so angenehmen Raum bei so guter Betreuung verhandeln zu können
- Hinweis darauf, wie sehr sich der Gesprächspartner persönlich engagiert und Mühen auf sich genommen hat, damit dieses Gespräch zustande kommt

18. Jeden einzelnen Gesprächspartner wichtig machen:

- möglichst jeden einzelnen Gesprächspartner persönlich ansprechen; legendär war vor Jahrzehnten der Spruch des Wiener Polizeidirektors zu einem ausgebrochenen und auf ein Dach geflüchteten Verbrecher „Komm herunter, ich bin's, dein Polizeipräsident"; der Verbrecher hat sich dann auf dem Dach sitzend ergeben
- der Hungerstreikende wurde ernst genommen, Beispiel Nr. 22: „Hungerstreik gegen ein Urteil"
- möglichst die Bedürfnisse des Gesprächspartners nach Sicherheit, Anerkennung, Stärke, Wertschätzung, Wichtigkeit, Gebrauchtwerden, etc. mit dem Realisieren des eigenen Zieles koppeln
- den Verhandlungspartner unsere eigene Idee als die seine übernehmen lassen

- bewusst das Bedürfnis jedes einzelnen Gesprächspartners nach Anerkennung stillen

19. Zeit nehmen:
    - wenn vom Gesprächspartner noch nicht alle wichtigen Leute da sind, eher warten; nicht beginnen, weil sonst alle Argumente neuerlich gebracht werden müssen,
    - in Ruhe Kaffee trinken und warten, bis alle Verhandlungsteilnehmer gekommen sind,
    - also nicht einfach mit der untergeordneten Mannschaft anfangen

20. Pausen ertragen:
    - Gesprächspausen sind für manche Leute fast unerträglich
    - ablehnende Antworten oder die Information, dass wir etwas nicht wissen, können auch nonverbal gegeben werden
    - bewusst Nerven behalten und warten, bis Gesprächspartner Pause beendet

21. Kurze Fragen stellen:
    - ganz kurze, klar formulierte Fragen bringen meist eine ehrlichere Antwort
    - Fragen werden oft viel zu langatmig mit Erklärungen und halb vorweggenommenen Antworten gestellt
    - kurze Fragen bewirken, dass der Gesprächspartner nicht so viel Zeit zum Nachdenken hat und deshalb die Antwort schneller und richtiger, also nicht so vorbereitet, durchdacht und konstruiert geben wird

22. Kurze Antworten geben:
    - Fragen am Besten mit ja oder nein beantworten
    - möglichst nur ein oder zwei Sätze
    - das erhöht den Handlungsbedarf für den Gesprächspartner

23. Einfach, nicht kompliziert denken:
    - einfache kurze Sätze, keine komplexen Konstruktionen, einfache Worte verwenden
    - es muss für den Gesprächspartner ganz klar sein, was wir meinen

24. Zuhören:
    - mit Geduld zuhören
    - der Verhandlungspartner darf Sachverhalt als subjektive Schilderung ungestört vortragen

- der Verhandlungspartner darf auch seinen falschen Standpunkt und die falsche Betrachtungsweise schildern und ausführlich darlegen
- wir arbeiten dann kooperativ den Unterschied heraus und lassen ihn als Unterschied bestehen
- während der Ausführungen des Verhandlungspartners Notizen machen und interessiert mit Blickkontakt zuhören

25. Änderung des Gesprächsortes oder des eigenen Gesprächspartners:

- eine Verlegung des Verhandlungsortes kann häufig Auflockerungen bewirken, da nicht immer im gleichen Zimmer oder immer bei der gleichen Partei verhandelt wird
- bei fest gefahrenen Verhandlungen bringt ein neuer eigener Gesprächspartner meist neue Bewegung
- es kann auch versucht werden, die Person des Gesprächspartners zu wechseln, zB. bei Urlaub, durch Kontaktaufnahme mit dem Vorgesetzten

26. Gemeinsame emotionale Empfindungen aufzeigen:

- herausstellen, wen oder was wir beide ablehnen oder nicht leiden können
- herausstellen, wen oder was wir beide schätzen

27. Der Schallplattentrick – immer das Gleiche:

- wenn immer wieder die gleiche Frage kommt, die wir inhaltlich nicht beantworten wollen, immer wieder die gleiche Antwort geben, eventuell nur Änderung bei der Satzstellung
- nicht bei der zweiten und dritten Antwort irgendetwas Zusätzliches sagen, denn dies zeigt dem Gesprächspartner, dass er mit weiteren Fragen doch noch mehr Informationen erhält
- gerade im Umgang mit Journalisten besonders wichtig

28. Einige wenige allgemeine Hinweise für die Verhandlung:

- höflich und freundlich bleiben
- geduldig bleiben
- ruhig bleiben
- sachlich bleiben
- nicht unterbrechen
- zuhören
- nicht auf jeden Einwand eingehen
- auch emotionale Einwände können manchmal übergangen werden
- Emotionen sind mit Argumenten nicht zu widerlegen

- bei emotionalen Einwänden führt die Frage nach dem „warum" beim Befragten zur Suche nach Gründen und damit zur Verstärkung des Einwandes
- das Ziel flexibel verfolgen
- Beleidigungen nicht persönlich nehmen, sondern eventuell zum Thema des Gespräches machen
- durch Fragen kann eine fest gefahrene Situation aufgelockert werden
- notwendige Kritik so formulieren, dass sie angenommen werden kann
- welche Zugeständnisse könnten wir machen
- für Zugeständnisse eine Gegenleistung verlangen
- mit welchen Fragen können wir die Aufmerksamkeit des Verhandlungspartners wecken
- bei Ablehnung bitten, die Gründe mitzuteilen
- es sollte eine Wahlmöglichkeit gegeben sein.
- auch Schweigen kann als Mittel der Verhandlung eingesetzt werden, ja sogar zu einem Ergebnis der Verhandlungen führen
- soll eine künstliche Stresssituation erzeugt werden

29. Einige wenige allgemeine Formulierungen, mit denen Konfrontationen vielleicht verhindert oder aufgelöst werden können:

- statt „völlig falsch" besser fragen, „ob es nicht auch so richtig sein könnte?"
- statt einem harten „nein", die weichere Formulierung: „könnte es in diesem Fall nicht etwas anders liegen" verwenden
- „was müsste geschehen, damit Sie es so annehmen können"
- „wie stehen Sie zu diesem Vorschlag"
- „würde dies Ihren Wünschen entsprechen"
- „was sagen Ihre Erfahrungen zu diesem Vorschlag"
- „welche Meinung haben Sie von diesen Überlegungen"
- „können Sie das detaillierter erklären"
- „lassen Sie uns gemeinsam überlegen"
- „könnte es so sein, dass"
- „wie würden Sie die Aufteilung machen"
- „da haben Sie aus Ihrer Sicht recht, aber man könnte es auch anders sehen"
- „mit Ihrer Erfahrung sehen Sie es vielleicht ähnlich"
- „können sie die Frage ausführlicher wiederholen, ich habe sie nicht ganz verstanden"
- „es wird behauptet"
- „ich habe nicht genug Erfahrungen in derartigen Angelegenheiten"
- „liegt eventuell ein Missverständnis vor"

- „es ist nicht auszuschließen“
- „ich würde gerne die Meinung von Herrn X darüber hören“
- „welchen Vorteil sehen Sie darin“
- „was ist hier für Sie am wichtigsten“
- „was könnten Sie anbieten, wenn wir hier nachgeben“
- „gibt es noch andere Möglichkeiten zur Lösung“
- „müssen wir uns wirklich für eine dieser Lösungen entscheiden“
- „was wäre das Ärgste, das passieren könnte, wenn wir keine Verhandlungslösung erreichen“
- „was wäre das Ärgste, wenn wir diesen Vorschlag annehmen würden“
- „was würde dieser unser Vorschlag für Sie bedeuten“
- „ich fahre jetzt dort fort, wo Sie mich unterbrochen haben“
- „ich verstehe, was Sie meinen, aber daran bin ich nicht interessiert“
- „was sind die Ziele, die Sie damit verfolgen“
- „warum ist gerade das für Sie wichtig“
- „was würden Sie vorschlagen, wenn Sie an meiner Stelle wären“

C. Einüben der Verhandlungssituation im Rollenspiel:

- Wir können den erwarteten Verhandlungsverlauf mit den eigenen Verhandlungsteilnehmern im Rollenspiel durchspielen und damit den möglichen Ablauf üben, zB. wer macht wann welche Vorschläge, wie ist die Reaktion auf gegnerische Vorschläge, wie wird formuliert etc.
- vorbereitete kreative Punkte im Rollenspiel prüfen, also durchspielen, wie der Verhandlungspartner reagieren könnte und wie wir jeweils wieder darauf reagieren.

D. Ergebnispapiere vorbereiten:

Damit ein Verhandlungsergebnis nicht in der Verhandlung völlig neu formuliert werden muss, ist es günstig, das in unseren Augen optimale Verhandlungsergebnis in schriftlicher Form vorzubereiten, sodass alle Formulierungen etc. festliegen und dann nur mehr an das tatsächliche Verhandlungsergebnis angepasst werden müssen.

Dem Gesprächspartner kann durchaus gesagt werden, dass wir einen Vorschlag so vorbereitet haben, wie er aus unserer Sicht sein sollte und dass dieser nun gemeinsam zu erörtern, zu prüfen und zu ändern ist.

Dadurch fällt der Formulierungsdruck nach langen Verhandlungen weg und man kann das vorher in Ruhe ausgearbeitete Papier als Arbeitsentwurf zur Verfügung stellen.

E. Rückschau nach jeder Verhandlungsrunde:

Um für die späteren Verhandlungen noch besser gerüstet zu sein und aus dem erlebten Verhandlungsablauf zu lernen, sollte nach jeder Verhandlungsrunde und auch nach Abschluss der Verhandlung insgesamt Rückschau gehalten werden:

- sind wir mit dem Ergebnis zufrieden
- was von unserem Ziel konnten wir erreichen
- was lief gut
- was lief schlecht
- was hätten wir besser machen können
- was haben wir Neues erfahren
- was lief völlig anders, als wir es geplant hatten
- warum
- hätten wir etwas dagegen tun können
- was war der Punkt, ab dem die Verhandlung in eine andere Richtung lief
- hätten wir dies voraussehen können
- wie weit mussten wir ungeplante Zugeständnisse machen
- wie weit musste der Verhandlungspartner ungeplante Zugeständnisse machen
- hätten wir noch andere Ideen einbringen können
- haben beide ein gutes Gefühl über den Verlauf der Verhandlung

III. Beispiele für Kreativität bei Verhandlungen

Das Einfachste für das Lernen, Üben und Ausbauen der eigenen Kreativität sind Beispiele, die uns aus der Vergangenheit bekannt sind: Beispiele aus den Erfahrungen von anderen, Beispiele, die schon so bekannt sind, dass sie gar nicht mehr als kreative Lösung gewertet werden, wie zum Beispiel der Grundsatz „Einer teilt, der andere wählt".

Um die folgenden Beispiele entsprechend auszuwerten, sollten Sie bewusst mehrere Schritte gedanklich nachvollziehen, also sich „bewusst machen":

- Klären, für welches Verhandlungsproblem eine Lösung gesucht wurde
- Analysieren, was bei der gefundenen Lösung kreativ war
- Überlegen, mit welcher Technik zu dieser Lösung gefunden wurde
- Prüfen, ob der Lösung ein allgemeiner kreativer Grundsatz zu Grunde gelegt werden kann
- Aufschreiben des allgemeinen Grundsatzes, der beim Beispiel zur Lösung geführt hat
- Ergänzen der Liste mit den Denkanstößen durch diesen Grundsatz
- bewusstes weiteres Einüben dieses Grundsatzes bei selbst gefundenen und erarbeiteten Verhandlungsbeispielen
- Übertragen der Grundsätze auf eigene Verhandlungssituationen

Im späteren Abschnitt IV. sind Beispiele für Kreativität in der Wirtschaft, in der Politik, in der Werbung, in der Rhetorik, in der Freizeit und im Alltag enthalten.

Auch aus diesen Beispielen können sehr gut mit der gleichen Methode wie oben angeführt, Anregungen erarbeitet werden, die dann wieder in Verhandlungssituationen weiterhelfen können.

1. Das amputierte Bein der Tante

In einem Fernsehinterview berichtete der deutsche Bankier Hermann J. Abs (1901–1994) über seine Verhandlungen mit den Gläubigerländern wegen der deutschen Vorkriegsschulden.
Abs war deutscher Delegationsleiter für die in London 1951–1953 stattfindenden Verhandlungen im Rahmen des Londoner Schuldenabkommens. Es ging um die Summe von 13,5 Milliarden DM.
Die Standpunkte beider Verhandlungsdelegationen waren unterschiedlich:

Die deutschen Juristen legten dar, dass die Bundesrepublik Deutschland (BRD) nicht nur Rechtsnachfolgerin des Deutschen Reiches sei, sondern geradezu ident sei mit dem Deutschen Reich. Deshalb sei auch keine neue Verpflichtungserklärung der BRD erforderlich. Würde man nämlich die BRD nur als Nachfolgestaat des Deutschen Reiches sehen, so würde auch Ostdeutschland, also die Deutsche Demokratische Republik (DDR) als Nachfolgestaat des Deutschen Reiches betrachtet werden können, was man in der BRD unbedingt verhindern wollte. Da aber rund 40% des Landes an den Osten (DDR) verloren gingen, müsste, so argumentierte Abs, die Zahlungsverpflichtung entsprechend reduziert werden.

Die juristischen Vertreter der Gläubigerländer sahen das anders:

Wenn die BRD ident ist mit dem Deutschen Reich, dann haftet die BRD in voller Höhe für alle Vorkriegsschulden. Eine einvernehmliche Lösung war nicht in Sicht.

Da erzählte Abs eine Geschichte aus seiner Familie. Seine 90-jährige Tante, der mit 82 Jahren ein Bein amputiert worden war, lag im Sterben. Der Priester kam, um ihr die Krankenölung zu erteilen.

Als der Priester fertig war und sich von ihr verabschiedet hatte, rief sie dem Gehenden noch nach: „Hochwürden, wenn sie meinem Sohn dann die Rechnung schicken, müssen Sie das Bein abziehen!"

Und die BRD, so Abs, sei eben das Deutsche Reich, aber ohne Bein.

Mit diesem Beispiel gelang Abs der Durchbruch und die Gläubigerländer akzeptierten, dass sie die Zahlungsverpflichtungen der BRD reduzieren mussten.

Von den Vorkriegsschulden des Deutschen Reiches von 13,5 Milliarden DM wurden dann der BRD tatsächlich 6,2 Milliarden DM erlassen.

Lösungsweg:

Indem Abs mit seiner Tante ein zwar makaberes aber plastisches Beispiel brachte, wie vorzugehen sei, gelang ihm durch die Anschaulichkeit und wohl auch durch das erzielte Gelächter der Durchbruch bei den Verhandlungen (Denkanstoß 203, 396).

2. Der Richter erwürfelt das Urteil

Nach jahrelangem Prozessieren um die Höhe des Anspruches hätten sich beide beteiligten Unternehmer über alle Ansprüche in Höhe von über 1 Million DM geeinigt, wenn nicht läppische 10.500 DM die Einigung gehindert hätten.

Für beide, den Kläger und den Beklagten, war es nicht möglich nachzugeben oder einem Kompromiss zuzustimmen. Jedes Nachgeben hätte den totalen Gesichtsverlust bedeutet und zwar für jeden.

Stundenlange Vergleichsbemühungen des Richters, man solle doch nicht wegen dieses minimalen Betrages den Prozess noch Jahre mit Beweisaufnahmen, Schriftsätzen und Sachverständigengutachten weiterführen und die Einigung bei den Millionenbeträgen wieder aufs Spiel setzen, waren umsonst.

Da machte der Richter den Vorschlag, den Betrag von 10.500 DM durch sieben zu dividieren und dann zu würfeln. Der Kläger sollte vom Beklagten den Betrag erhalten, der sich ergibt, wenn man die gewürfelte Augenzahl mit 1/7 des strittigen Betrages, also mit 1.500 DM multipliziert. Die Parteien und ihre Anwälte waren nach kurzem Erstaunen einverstanden.

Der Richter würfelte einen Fünfer, der Kläger erhielt 7.500 DM vom Beklagten und der Prozess konnte auf dieser Basis endgültig verglichen werden.

Auch dafür, warum der strittige Betrag gerade durch sieben und nicht etwa durch sechs dividiert werden musste, gab es die Erklärung.

Beim Dividieren durch sechs würde der Beklagte auch in seinem besten Fall 1/6 verlieren, obwohl der Kläger in seinem besten Fall alles gewinnen konnte. Beim Dividieren durch sieben erhält der Kläger zwar noch immer mindestens 1/7, der Beklagte muss aber höchstens 6/7 zahlen. Damit war das Risiko und die Chance für beide gleich hoch.

Lösungsweg:

Dadurch, dass beide Parteien einverstanden waren, die Aufteilung der strittigen 10.500 DM dem Richter und seinem Würfel anzuvertrauen, verlor niemand das Gesicht und wurde eine für alle wirtschaftlich sehr günstige Lösung gefunden (Denkanstoß 333).

3. Die Schauspielerin und ihre Gage

Eine Schauspielerin und ihre Produktionsfirma konnten sich nicht auf eine angemessene Entlohnung für das vierte Ausstrahlungsjahr einer erfolgreichen Seifenoper einigen.

Um eine Einigung zu erzielen, wurde schließlich folgende Vorgangsweise fixiert:

Sowohl die Schauspielerin als auch die Produktionsgesellschaft sollten ihre endgültige Position schriftlich festhalten. Wichen die beiden Zahlen nicht mehr als 15%, gerechnet vom geringeren Betrag, voneinander ab, so würde man sich auf den Durchschnittsbetrag einigen. Lagen die Zahlen mehr als 15% auseinander, so würde eine neutrale, bereits vorher fixierte Person entscheiden, welche der beiden Zahlen realistischer war.

Mit dieser Methode wurde der tote Punkt überwunden. Beide Seiten waren gezwungen, bei der Formulierung ihres letzten Angebots realistisch zu bleiben.

Als Alternative dazu könnte die neutrale Person auch von vornherein niederschreiben, welche Entlohnung sie für die fairste und ausgewogenste hält.

Diese Zahl wird erst auf den Tisch gelegt, wenn sowohl die Schauspielerin als auch ihre Produktionsfirma ihre endgültigen Angebote niedergeschrieben haben. Die Zahl, die jener der neutralen Person am nächsten kommt, entspricht der Entlohnung für das kommende Jahr.

Als weitere Alternative könnte auch eine Koppelung der beiden vorhergehenden Wege erfolgen:

Die neutrale Person und die beiden Beteiligten legen ihre Ziffern gleichzeitig auf den Tisch. Liegen die Ziffern der beiden Beteiligten weniger als 15% auseinander, wird der Durchschnittsbetrag genommen, liegen die Ziffern mehr als 15% auseinander, wird die Ziffer genommen, die im Betrag näher bei der Ziffer der neutralen Person liegt.

Lösungsweg:

In Person des neutralen Dritten wurde ein Schiedsrichter zur Lösung des Problems bestellt. Der Unterschied zur normalen Bestellung lag darin, dass der Schiedsrichter nicht eine Lösung zwischen beiden Positionen suchen sollte, sondern nur entscheiden durfte, welche der beiden Positionen realistischer war. Das übte naturgemäß auf beide Beteiligten den Druck aus, die Ziffern möglichst nahe der Realität anzusiedeln (Denkanstöße 244, 333).

4. Der geteilte Kuchen

Zwei Kinder bekommen zusammen ein Kuchenstück. Der Streit wer den größeren Teil erhält und welcher Teil überhaupt der größere ist, ist häufig vorprogrammiert.

Bis der Vorschlag von den Eltern, den Geschwistern oder den Kindern selbst kommt:
Einer teilt den Kuchen in zwei möglichst gleich große Teile, der andere wählt sich sein Stück aus. Sobald der Vorschlag angenommen ist, verfolgt gespannte Aufmerksamkeit aller Beteiligten den fast sakralen Akt des Teilens und dann den qualvollen Akt der Wahl.

Wohl vielen Lesern ist dieses Modell aus eigener Erfahrung in Erinnerung.

Lösungsweg:

Das Problem wird in zwei Schritte aufgeteilt. Jeder übernimmt einen Teilschritt zur Lösung. Da jeder Beteiligte in die Lösung voll integriert ist, gibt es am Ende keinen, der sich benachteiligt fühlen kann. Wenn trotzdem einer das Gefühl haben sollte, er sei zu kurz gekommen, muss er sich zu Recht sagen lassen, das sei nur seine eigene Schuld, sei es weil er nicht gerecht geteilt hat, sei es, weil er sich beim Wählen geirrt hat. Die Einfachheit der Lösung macht dieses Grundmuster so populär, dass es so wie beim folgenden Beispiel mit dem Grundstückskauf (man trifft sich in der Mitte) kaum noch als kreativ erkannt wird (Denkanstoß 233).

5. Der Grundstückskauf

Ein Grundstück sollte verkauft werden. Verkäufer und Käufer sind sich über alles einig, nur die Preisvorstellungen gehen noch auseinander:
Der Verkäufer will 10 Millionen, der Käufer will nur 8 Millionen zahlen. „Einigen wir uns auf die Mitte!" schlägt der Käufer vor, der Verkäufer stimmt zu.

Beide sind erleichtert und der Anwalt erhält den Auftrag, den Kaufvertrag mit 9 Millionen zu errichten.

Lösungsweg:

Das obige Beispiel ist so banal, alltäglich und aus ähnlichen Fällen wohl vertraut, dass wir darin kaum mehr eine kreative Verhandlungslösung erkennen. Trotzdem: Gerade das Einfache, dass also jeder gleich viel nachgibt, ist das Grundmuster einer ganz simplen kreativen Verhandlungstechnik (Denkanstoß 232).

6. Zwei Kinder teilen sich die Erbschaft

Es fand in Deutschland statt: Ein Unternehmer hatte zwei Söhne und hinterließ ihnen einen gut laufenden Betrieb, erheblichen Grundbesitz sowie Wertpapier- und Sparbuchguthaben in beachtlicher Höhe.

Die Bewertung des Unternehmens und des Grundbesitzes stieß auf Probleme. Der Sohn, der das Unternehmen übertragen haben wollte, versuchte dessen Wert möglichst tief anzusetzen, der andere Sohn versuchte das Gleiche bei den Liegenschaften.

Jeder meinte sogar, dass ihm nicht nur die ganzen Wertpapier- und Sparbuchguthaben, sondern noch eine zusätzliche Ausgleichszahlung vom anderen Bruder gebühren würde. Die Verhandlungen waren fest gefahren, eine gerichtliche Klärung mit aufwändiger Schätzung und eventuell sogar Versteigerung des gesamten Vermögens schien in greifbare Nähe gerückt.

Da machte einer der Anwälte schließlich den Vorschlag:

Ein Sohn soll entscheiden, wie viel Wertpapier- und Sparbuchguthaben sowie allfällige Ausgleichszahlungen jeweils mit der Übernahme des Unternehmens bzw. mit der Übernahme des Grundbesitzes verbunden sein würden, der andere Sohn sollte dann wählen.

Wer beim Würfeln die höhere Augenzahl würfelt, den trifft die Aufgabe, die Werte festzulegen.

So geschah es dann auch und beide waren mit dem schnellen Ergebnis zufrieden.

Lösungsweg:

Dass das Kindheitsmuster, einer teilt, der andere wählt, auch auf so komplexe Situationen wie Erbschaftsabhandlung und Unternehmensnachfolge Anwendung finden kann, überrascht. Die Aufteilung des Problems in zwei Schritte liefert auch hier die Lösung, bei der jeder beteiligt ist und durch seine Entscheidung das Ergebnis voll mitbestimmt (Denkanstoß 233).

7. Mehrere Kinder teilen sich die Erbschaft

Ein anfangs kompliziert scheinendes Verfahren zur Aufteilung einer Erbschaft unter vier Kindern wurde vor einiger Zeit in Österreich angewandt:

Jeder der Werte und Gegenstände wurde unter den vier Geschwistern sozusagen „versteigert". Das „Höchstgebot" zu dem eines der Kinder eine Sache erworben hatte, wurde in dessen Spalte in einer Liste eingetragen.

Dann wurde die Summe aller Beträge ermittelt und durch vier dividiert. Dies ergab den Wert, den jedes Kind aus der Erbschaft erhält. Bei unserem Beispiel mussten die, die am meisten ersteigert hatten, noch einen Betrag an die anderen bar ausgleichen, damit sie nicht begünstigt wurden.

Beispiel für Ermittlung:

Gegenstand	Kind 1	Kind 2	Kind 3	Kind 4
Bild	50.000			
antiker Schreibtisch		110.000		
Briefmarkensammlung			250.000	
Ferienhäuschen				500.000
Auto	330.000			
Geschirr		40.000		
Firmenbeteiligung		200.000		
Werkzeugkasten			800	
Summe 1,480.800	380.000	350.000	250.800	500.000
: 4 = 370.200	−370.200	−370.200	−370.200	−370.200
Zu viel/zu wenig erhalten	zu viel +9.800	zu wenig −20.200	zu wenig −119.400	zu viel +129.800
Summe der Ausgleichszahlungen: 139.600	zahlt noch 9.800	erhält noch 20.200	erhält noch 119.400	zahlt noch 129.800

Bargeld 400.000	+100.000	+100.000	+100.000	+100.000

Zuletzt wurde das verfügbare Bargeld von Schilling 400.000 auf alle Geschwister aufgeteilt. So kann auch eine komplexe Verlassenschaft zur Zufriedenheit aller abgewickelt werden.

Lösungsweg:

Die Lösung wird hier dadurch gefunden, dass jeder den Wert der Sache, den sie für ihn hat, selber festlegen kann und die anderen nicht nur daran gebunden sind, sondern auch davon profitieren: wird der Wert sehr hoch angesetzt, sind sie über den „Versteigerungserlös“ mitbeteiligt, wird der Wert sehr niedrig angesetzt, haben sie die Möglichkeit beim „Mitbieten“ günstig zu einer Sache zu kommen, wenn niemand anderer bereit ist, mehr dafür zu „bieten“. Dadurch, dass alle die Möglichkeit haben, mitzubieten, sind auch alle an der Lösung beteiligt und kann jeder die Verteilung jedes einzelnen Stückes beeinflussen, wenn er bereit ist, entsprechend viel zu „bezahlen“. Durch die Einbindung aller wird eine Problemlösung auf breiter Basis erreicht (Denkanstoß 241).

8. Die preisgekrönte Hündin

In seinem Buch über Verhandlungskunst schildert Robert Mayer eine Vorgangsweise, die nicht nur für den Bereich der Hundezucht, sondern auch für viele andere Situationen, in denen der Gesprächspartner mehr Sachkenntnis und Erfahrung hat als man selbst, einen interessanten Lösungsweg bietet:

Eine Frau besaß eine preisgekrönte Wolfshündin. Sie wusste nur wenig über Hundezucht. Bei einer Ausstellung lernte sie einen erfahrenen Züchter und Besitzer eines Championrüden kennen. Es wurde beschlossen, einen Wurf zu machen und zu gleichen Teile aufzuteilen.

Doch die Frau befürchtete, dass der Züchter mit seiner Sachkenntnis die besten Welpen aussuchen und ihr die weniger wertvollen überlassen könnte. Was konnte sie tun?

Man einigte sich dann so:

Der Züchter sollte jeweils ein Paar, also zwei Welpen auf einmal aussuchen. Die Frau würde sodann eines der vom Züchter ausgewählten Tiere von jedem Paar nehmen. Da der Züchter nicht wissen konnte, für welchen Welpen sich die Frau entscheiden würde, musste der Züchter jeweils Paare mit ähnlichen Qualifikationen zusammenstellen.

Lösungsweg:

Hier wurde die einfache Lösung darin gefunden, dass die Entscheidung des Fachmannes jeweils ein Paar betraf, die Entscheidung des Laien dann völlig frei, ja sogar nach Willkür und Zufall getroffen werden konnte. Im Grund ist diese Lösung eine Weiterentwicklung von „einer teilt, einer wählt“ (Denkanstoß 233, 334).

9. Zwei Töchter als Erben

Als die seit Jahren verwitwete Mutter starb, erbten die zwei Töchter eine große Zahl von Vermögensstücken. Eine Aufteilung schien extrem schwierig zu sein.

Der Hausanwalt der Familie schlug schließlich Folgendes vor:

Zuerst sollten alle Gegenstände dermaßen aufgeteilt werden, dass jeweils alle gleichartigen Stücke auf einen Stoß kommen sollten. Also alle Teppiche auf einen Stoß, alle Bilder auf einen Stoß, alle Möbel symbolisch auf einen Stoß etc.

Dann sollte eine Tochter jeden Stoß in zwei gleiche Teile teilen. Wenn wie zB. bei den Teppichen nur zwei Teppiche da waren und einer aus ihrer Sicht einen Wert von 50.000 Schilling und der andere einen Wert von 10.000 Schilling hatte, so sollte sie den Differenzwert von 40.000 Schilling auf ein Blatt Papier schreiben und dieses Papier beim billigeren Teppich dazulegen.

Nach Durchführung der Aufteilung gäbe es dann zahlreiche Stöße, alle in zwei gleich gewichtige Teile geteilt. Alle Gegenstände wären also etwa gleichgewichtig aufgeteilt und zwar bis zum Geschirr und zur Briefmarkensammlung.

Die andere Tochter sollte sich dann bei jedem Doppel-Stoß für einen der Stöße entscheiden. Der auf dem Blatt Papier geschriebene Differenzbetrag sollte dann am Ende bar ausgeglichen werden.

Die Töchter nahmen den Vorschlag an, man einigte sich, wer die Stöße halbieren sollte und die andere Tochter wählte dann. Innerhalb kürzester Zeit war die Verlassenschaft aufgeteilt.

Hätte man sich nicht geeinigt, wer die Stöße aufzuteilen hätte, so hätte man dies auslosen können oder abwechselnd einmal die eine und dann die andere Tochter aufteilen lassen können.

Am Ende der Aufteilung stellte sich heraus, dass einzelne Stücke von den Töchtern noch freiwillig getauscht wurden, sodass letztlich alles zur Zufriedenheit erledigt werden konnte.

Lösungsweg:

Der Lösungsweg folgt dem alten Muster, der eine teilt, der andere wählt. Im vorliegenden Fall noch ergänzt durch eine ähnliche Vorgangsweise wie beim Beispiel „Die preisgekrönte Hündin“ (Denkanstoß 233, 334).

10. Wer darf anfangen

Vier Spieler sitzen um den Tisch herum. Wer darf als Erster beginnen?

Einer macht den Vorschlag, wer bei einem Würfeldurchgang die höchste Zahl würfelt, beginnt. Wenn zwei die gleiche (höchste) Zahl haben, würfeln die zwei noch einmal.
Alle einigen sich und durch Zufall wird entschieden, wer der glückliche Beginner ist.

Wenn sich zwei nicht einigen können, wie die Lösung eines Problems zu erfolgen hat, einigen sie sich häufig, die ganz alte Methode des Losens heranzuziehen. Der Zufall entscheidet.

Auch im österreichischen Allgemeinen Bürgerlichen Gesetzbuch, im ABGB, ist seit 1811 die Losentscheidung bei § 835 (Gemeinschaft des Eigentums), § 841 (Teilung der gemeinschaftlichen Sache) und § 1273 (Losentscheid) vorgesehen.

Es gibt viele Möglichkeiten, die Losentscheidung durchzuführen:

- Einer wirft eine Münze: der, dem die oben liegende Zahl vorher zugeteilt wurde, hat gewonnen.
- Ein Neutraler wirft eine Münze, damit jeder Verdacht einer Manipulation ausgeschlossen wird.
- Jeder wirft die Münze einmal. Wenn verschiedene Ergebnisse vorliegen, wird dies wiederholt, bis das Ergebnis bei zwei Münzwürfen gleich ist.
- Jeder Beteiligte würfelt, der mit der höchsten Augenzahl gewinnt.

Auch was das Ergebnis für den Gewinner bedeutet, muss davor fixiert werden:

- Ist er mit seiner Meinung der Sieger und diese allein gilt,
- oder fällt ihm die Entscheidungsgewalt, also die Aufgabe zu, den Konflikt nach eigenem Ermessen zu entscheiden.

Lösungsweg:

Für Kinder ist es oft eine äußerst wichtige Frage, wer bei einem Spiel anfangen darf. Durch Delegierung der Entscheidung auf das Zufallsergebnis des Würfels, haben alle die gleiche Chance. Man einigt sich auf eine Vorgangsweise, bei der keiner der Beteiligten mehr einen Einfluss hat. Die oben aufgezeigten Lösungen sind noch gerechter wie die auch häufig anzutreffende Vereinbarung, wer als Erster einen Sechser würfelt, beginnt.

Allen Losentscheidungen ist gemeinsam, dass die Beteiligten erkennen, dass sie nicht in der Lage sind, das Problem schnell und zur Zufriedenheit aller zu lösen und deshalb bereit sind, die Lösung dem Zufall anzuvertrauen (Denkanstoß 349).

11. Das halbe Trinkgeld

Es war in Venedig. Ein Pensionsgast beobachtete, dass ein älterer Herr, der ganz am Ende des Speisesaales saß, immer als Erster und mit besonderer Freundlichkeit bedient wurde.

Am Mittag seines Abreisetages konnte der Pensionsgast seine Neugier nicht mehr länger zurückhalten und sprach den älteren Herrn, der der Aussprache nach aus der Schweiz kam, an: „Ich fahre heute ab, Sie können es mir also gefahrlos sagen, aber bitte wie machen Sie es, dass Sie so besonders freundlich und als Erster bedient werden?"

„Ganz einfach," meinte der ältere Herr, „ich habe dem Ober bei meinem ersten Zusammentreffen einen Schein von 50 Schweizer Franken gegeben und ihm gesagt: Das ist die Hälfte."

Lösungsweg:

Dadurch, dass der ältere Herr die Hälfte voraus gegeben hat und diese auch als Hälfte bezeichnet hat, demonstrierte er dem Ober sehr konkret, dass er ein gutes Service honorieren würde. Ein bewusstes Abweichen von der Übung, Trinkgeld erst nach Erbringung der Leistung zu geben, eröffnet hier den Weg zum Erhalt einer überdurchschnittlichen Leistungsbereitschaft (Denkanstoß 99, 242).

12. Der Bazar

Im arabischen Bazar in Tunis findet der Tourist eine alte antike Vase, die ihm besonders gut gefällt. Der tunesische Händler will dafür 800 Dinar, rund 8.800 Schilling oder 1.250 DM. Ein stolzer Preis.

Unser Tourist ist unsicher, weil er keinen Anhaltspunkt hat, wie viel die Vase wirklich wert ist. Bei jeder Zahl, die er nennen würde, hätte er Angst, dass sie entweder noch immer viel zu hoch oder aber vielleicht eine Beleidigung für den Händler wäre, weil der tatsächliche Wert ein Vielfaches ist. Was tun?

Der Tourist erklärt dem Händler, die Vase sei für ihn zu teuer. Auf die drängende Frage des Händlers, was der Tourist denn zu zahlen bereit sei, erklärt der Tourist immer nur, es sei ihm so zu teuer.

Solange der Tourist stark genug ist, selbst keine Ziffer zu nennen, zu der er kaufen würde, kann er damit rechnen, dass der Händler bis zu einem letzten, allerletzten Angebot herunter geht, um das Geschäft abzuschließen.

In unserem Fall lag der definitive Endpreis dann bei 40 Dinar, also einem Bruchteil der ursprünglichen Forderung.

Hätte der Tourist von sich aus eine Zahl genannt, wäre der Rahmen des Verhandlungsgespräches fixiert worden und er hätte die Vase kaum um diesen Preis erhalten. Häufig verläuft ein Verhandeln auf dem Bazar so, dass der Tourist bereits am Beginn des Verhandlungsgespräches eine Ziffer nennt und damit gebunden ist.

Lösungsweg:

Dadurch, dass der Tourist keinen eigenen Vorschlag machte, vermied er jede eigene Bindung und war völlig frei, zu entscheiden, wann er und ob er überhaupt das sich bis zur Schmerzgrenze des Händlers laufend verbessernde Angebot annehmen will (Denkanstoß 434).

13. Der Hausverkauf

Der Eigentümer eines teilweise vermieteten Hauses will es verkaufen. Acht Interessenten wollen das Haus haben, jeder stellt sich etwas andere Konditionen, also andere Zahlungsmodalitäten und vor allem einen anderen Preis, vor.

Der Hauseigentümer entscheidet sich, selbst die Konditionen und zwar für alle Interessenten gleich festzulegen und sodann das Haus zu versteigern.

Er erspart sich damit die mühsamen Verhandlungen mit 8 Interessenten, also das Einholen von 8 Anboten, das Abwägen und Vergleichen, das Nachverhandeln mit Interessenten, etc.

Nach 3 Stunden ist das Haus zu den vom Eigentümer festgelegten Bedingungen um 9,375.000 Schilling versteigert. Der Interessent mit dem höchsten Gebot hat es erhalten.

Lösungsweg:

Dadurch, dass alle Interessenten zur gleichen Zeit am gleichen Ort und zu den gleichen Bedingungen die Möglichkeit zum Mitsteigern haben, ist sichergestellt, dass tatsächlich der, der am meisten bietet, das Haus erhält und zwar ohne dass ein Mitbieter oder ein Dritter den Vorwurf erheben kann, es sei ein ungerechter oder unfairer Weg gewählt oder eine unrichtige Entscheidung gefällt worden. Ein für uns alltäglicher, vertrauter Vorgang. Auch dieses Grundmuster, wie der höchste Erlös erzielt wird, wird kaum noch als kreative Lösung empfunden (Denkanstoß 352).

14. Der Schiedsrichter

Eine Maschine zum Abfüllen von Bier und Verschließen der Flaschen wird an eine Brauerei geliefert. Das Verschließen der Flaschen funktioniert aber nicht reibungslos.

Jeder der beiden Beteiligten, der Lieferant der Maschine und die Brauerei schieben die Schuld für das Versagen dem anderen zu: Der Lieferant behauptet, dass die Maschine mit ungeeignetem Blech für die Verschlüsse beschickt worden sei, die Brauerei behauptet, dass das Blech in Ordnung sei, aber die Maschine die Verschlüsse nicht fest genug aufpresse.

Die Brauerei will den Kaufvertrag rückgängig machen, den Kaufpreis retour und Schadenersatz für den Produktionsausfall in Höhe von vorläufig 3,475.320 Schilling.

Nach längerer Korrespondenz und etlichen Verhandlungen entscheiden sich die beiden Beteiligten, den Konflikt durch einen Dritten, durch einen Schiedsrichter entscheiden zu lassen.

Dieser kommt zum Ergebnis, dass die Brauerei tatsächlich ein Blech verwendet hat, das zu dick für die Erzeugung von Bierverschlüssen ist und weist die Klage der Brauerei ab.

Was früher noch eine freiwillige Entscheidung von zwei Streitenden war, ist heute organisierter Bestandteil unserer Zivilisation geworden. Wenn zwei sich streiten, dürfen sie ihren Konflikt nicht mehr mit Gewalt und Waffen austragen und so lösen, sondern sie müssen das Gericht anrufen und ein unparteiischer Dritter, also der Richter, entscheidet, wer Recht bekommt.

Auch Schiedsrichter in Wirtschaftsstreitigkeiten, ja sogar beim Fußball haben die gleiche Funktion und Entstehungsgeschichte. Am Beginn dieser Entwicklung steht immer die Idee, einem unbeteiligten Dritten die Entscheidungsbefugnis zu übertragen.

Tausende Rechtsstreitigkeiten werden dadurch täglich gelöst.

Lösungsweg:

Die Delegation der Entscheidung an einen Dritten ist die ursprünglich kreative Idee dieses Grundmusters. Der Vorgang ist uns durch die funktionierenden Gerichte so vertraut geworden, dass auch wir ihn kaum noch als kreative Idee empfinden (Denkanstoß 207).

15. Der Bankier und das Hitlerbild

Der schon legendäre deutsche Bankier Hermann J. Abs berichtete in einem Interview anlässlich seines 80. Geburtstages über die Probleme, die er im Bankhaus Delbrück Schickler & Co. mit den Nazis hatte. In der Bank gab es, schon lange nach der Machtergreifung durch Adolf Hitler (1933), noch immer kein Hitlerbild.

Im Jahr 1937 bekam Abs Besuch von zwei Ortsgruppenleitern. Sie machten ihn dafür verantwortlich, dass noch immer kein Hitlerbild in der Bank aufgehängt worden sei.

Abs nahm sich Zeit, und der erste Ortsgruppenleiter begann, sein Anliegen vorzutragen. Er begann in üblicher Weise: Es sei ihnen gemeldet worden, dass das Bankhaus Delbrück Schickler & Co. in eigenartiger Weise gegen Hitler demonstriere. So gebe es zB. nicht einmal ein Bild des Führers in der Bank. Als er geendet hatte, fragte Abs den Zweiten, was er vorzubringen habe. Dieser hatte nichts hinzuzufügen.

Darauf sagte Abs: „Meine Herren, darf ich Sie bitten, mit mir zu kommen.“ Dann gingen sie zusammen in den Sitzungssaal, und Abs zeigte ihnen die eine Stirnwand im Sitzungssaal.

„Erkennen Sie das Porträt, meine Herren?“ fragte Abs.

„Na ja, das ist Friedrich der Große.“

„Richtig geraten! Es ist ein Geschenk Friedrichs des Großen an Gebrüder Schickler nach dem Schlesischen Krieg.“

Die Gruppe ging zur gegenüberliegenden Stirnwand , wo ein weiteres Bild hing. Abs stellte die Frage: „Wen stellt dieses Bild dar?“

Die Ortsgruppenleiter antworteten: „Kaiser Wilhelm natürlich!“

Daraufhin sagte Abs: „Schauen Sie sich mal den Rahmen an, das ist der gleiche Rahmen. Der eine ist alt, der andere ist kopiert und neueren Datums, ein Geschenk Kaiser Wilhelms zum 200-jährigen Jubiläum des Bankhauses Gebrüder Schickler im Jahr 1912. Aber nun, meine Herren, treten Sie bitte zurück.

Der wichtigste Platz der Bank ist hier über dem Kamin. Wie Sie sehen, hängt da nichts. Das ist der Platz, wo das Porträt des Führers hinkommt, wenn Adolf Hitler uns die Ehre antut, uns sein Porträt zu schenken. Aber ein gekauftes Bild, meine Herren, das werden Sie verstehen, können wir nicht aufhängen. Einen würdigeren Platz haben wir nicht im Hause.“

Das hat auch den beiden Herren eingeleuchtet und sie sind gegangen. Das Bankhaus Delbrück Schickler & Co. hatte zunächst seine Ruhe.

Lösungsweg:

Abs fügte einem Problem ein neues Problem hinzu. Indem er den Sachverhalt auf die Frage reduzierte, kauft die Bank das Bild oder lässt sie es sich schenken, machte er aus einer Nebensächlichkeit ein Problem, für dessen Lösung er nicht mehr als zuständig angesehen wurde (Denkanstoß 36).

16. Die 17 Kamele

Den Unterschied zwischen Wissen und Weisheit erzählt diese alte, arabische Geschichte:

Ein Mann lag im Sterben. Er besaß 17 Kamele und 3 Söhne, und im Testament bestimmte er, dass die Hälfte der Kamele an den ältesten Sohn gehen sollte, ein Drittel an den zweiten und ein Neuntel an den dritten Sohn.

Die Söhne staunten sehr. Was tun? – 17 Kamele: die Hälfte an den ersten Sohn – sollten sie eines zerschneiden? Und das würde auch nicht viel bringen, denn ein Drittel soll an den zweiten Sohn gehen. Und auch das bringt nichts, denn ein Neuntel sollte der dritte Sohn bekommen. Ein Teil der Kamele würde dabei draufgehen.

Natürlich wandten sie sich an den Mann im Dorf, der am gebildetsten war: den Mulla – den Gelehrten, den Mathematiker. Der dachte sehr nach und versuchte es mit allen Mitteln, aber auch er konnte keine Lösung finden, denn Mathematik ist Mathematik.

Er sagte: „Ich habe in meinem ganzen Leben noch keine Kamele geteilt, die ganze Angelegenheit ist mir zu dumm. Aber zerschneiden müsst ihr sie. Wenn das Testament genau ausgeführt werden soll, dann müssen die Kamele zerschnitten werden, dann müssen sie geteilt werden.“

Die Söhne waren nicht bereit, die Kamele zu zerschneiden. Was also tun? – Dann schlug jemand vor, „geht doch zu jemandem, der was von Kamelen versteht anstatt von Mathematik.“ Also gingen sie zum Scheich der Gegend, einem alten Mann, ungebildet, aber durch Erfahrung weise. Sie erzählten ihm ihr Problem.

Der alte Mann lachte und sagte: „Macht euch keine Gedanken. Es ist sehr einfach.“ Er lieh ihnen eines seiner Kamele – nun waren es 18 und sie teilten sie auf. Neun kamen an den ersten Sohn: die Hälfte. Der war völlig zufrieden. Sechs wurden dem zweiten Sohn gegeben: ein Drittel. Der war auch zufrieden. Und zwei wurden dem dritten Sohn gegeben: ein Neuntel. Auch der war zufrieden. Ein Kamel blieb übrig, das war geliehen.

Der alte Scheich nahm sein Kamel zurück und sagte lächelnd: „Ihr könnt gehen.“

Somit waren alle zufrieden und glücklich, vor allem die Kamele.

Lösungsweg:

Dadurch, dass etwas hinzugenommen wurde, war die Lösung möglich, wobei es natürlich nicht immer so ist, dass das Hinzugenommene dann wieder übrig bleibt und zurückgegeben werden kann. Es hätte ja auch so sein können, dass die drei Söhne dem Nachbar das Kamel abkauften und den Kaufpreis zum Verhältnis ihrer Erbschaft aufbringen (Denkanstoß 25, 316).

17. Die Bauverhandlung und das Würstl

Der langjährige Bürgermeister von Hall in Tirol, Rechtsanwalt Dr. Josef Posch, war nicht nur durch seine weltanschaulich gefestigte Überzeugung, seine Rechtschaffenheit und seine klaren, direkten Worte weit über Hall hinaus bekannt und geschätzt.

Er war auch bekannt dafür, dass er immer dann, wenn etwas nicht mehr weiterging, mit manchmal unkonventionellen Methoden zu Lösungen kam. Sein langjähriger Wegbegleiter, der Bezirkshauptmann von Innsbruck-Land, Hofrat Dr. Günter Sterzinger, berichtet darüber:

Als im Zuge einer Bauverhandlung ein in Hall nicht unbekannter Bürger einfach nicht und nicht die nötige Unterschrift unter das Verhandlungsprotokoll leisten wollte und sich die Mittagsstunde näherte, ließ Josef Posch Würstl mit Senf auffahren.

Genau in dem Augenblick, als der schon ermattete und hungrige Bürger mit Genuss sein Würstl in den Senf tauchte und es zum Mund führen wollte, gebot ihm Josef Posch mit einem energischen Griff zum Unterarm Einhalt, deutete auf das Verhandlungsprotokoll und sagte: „Zuerst unterschreibst Du!“

Der in seinem schon auf das Würstl und den Hunger abgestimmten Seelenleben so jäh gestörte Bürger sah sich einer Interessensabwägung zwischen Bedürfnissen des Körpers und des Geistes ausgesetzt und entschied sich für die Lust an Gaumenfreuden und unterschrieb.

Damit hatte Dr. Posch durch seinen genialen Einfall die Sache zu Gunsten des Projektes entschieden.

Lösungsweg:

Durch Anbieten und gleichzeitiges Vorenthalten des Würstls verlagerte der Bürgermeister die Diskussion auf eine völlig andere Ebene und brachte damit Bewegung in die Angelegenheit und die Unterschrift zu Papier (Denkanstoß 368).

18. Die Kubakrise

Am Höhepunkt der Kubakrise, am Freitag, 26. Oktober 1962, setzte sich Aleksandr Fomin, ein höherer Beamter der sowjetischen Botschaft in Washington, zum Zweck einer offenbar offiziösen Fühlungnahme mit John Scali, dem Korrespondenten des American Broadcasting System am amerikanischen Außenministerium, in Verbindung und wollte dringend wissen, ob die USA einer Lösung der Krise auf der Grundlage eines überwachten Rückzuges der sowjetischen Raketen und einer öffentlichen amerikanischen Verpflichtung, Kuba nicht anzugreifen, zustimmen würden.

Die sowjetische Botschaft wurde über die genannten Mittelsmänner noch am selben Nachmittag über die Zustimmung der USA zu dieser Lösung unterrichtet.

Doch schon am nächsten Morgen traf eine amtliche Nachricht aus Moskau ein, wonach der Rückzug der Raketen aus Kuba an die Entfernung der US-Raketen in der Türkei gebunden werde. Diese Forderung wurde von den Amerikanern öffentlich abgelehnt.

Robert Kennedy schlug nun seinem Bruder, dem Präsidenten John F. Kennedy, vor, nur auf die am Freitag stattgefundenen Kontakte einzugehen, so als ob die widersprüchliche Nachricht vom Samstag, die die Raketen in Kuba mit denen in der Türkei in Verbindung brachte, einfach nicht existierte.

Die Antwort auf die Freitag-Anfrage der sowjetischen Botschaft wurde veröffentlicht, wodurch erhöhter politischer Druck ausgeübt wurde.

Die Sowjets ließen es dann tatsächlich dabei bewenden und versuchten nicht einmal mehr, den Widerspruch zwischen den am Samstag geforderten Bedingungen und der dann realisierten Lösung aufzuklären.

Lösungsweg:

Dadurch, dass die Amerikaner auf die Samstag-Nachricht nicht weiter eingingen und nur auf der Grundlage der Freitag-Gespräche weiter agierten, klammerten sie einen Teil des Sachverhaltes bewusst und erfolgreich aus der weiteren Entwicklung aus (Denkanstoß 16, 89).

19. Die Sinai-Halbinsel

In seinen Vorlesungen erzählte Roger Fisher folgendes Beispiel aus der Praxis:

Nachdem sich Ägypten und Israel in Camp David an den runden Tisch gesetzt hatten, durften beide Parteien ihre Forderungen stellen. Ägypten verlangte natürlich kategorisch die Sinai-Halbinsel zurück. Israel hingegen weigerte sich, diese zurück zu geben.

Auf der Ebene des Verhandels war somit keine Einigung zu erzielen. Was tun? Richtig: Die Ebenen wechseln!

Man fragte also Ägypten, was sein Interesse an der Sinai-Halbinsel wäre. Die Ägypter antworteten: „Es geht uns um unsere nationale Souveränität. Die Sinai-Halbinsel hat seit tausenden von Jahren zu Ägypten gehört, und das soll immer so bleiben."

Ägypten ging es also um die Integrität ihrer Nation.

Was aber war das Interesse hinter der Position Israels? „Uns geht es um Sicherheit! Was geschieht, wenn die Ägypter die Halbinsel wieder haben? Dann stehen ihre Tanks vor unserer Haustüre. Das können wir nicht zulassen."

Das Anliegen von Israel war somit Sicherheit.

Der Prozess des Verhandelns bestand nun darin, wie Fisher erzählte, eine Lösung zu finden, die sowohl dem Bedürfnis nach nationaler Souveränität der Ägypter, als auch dem Bedürfnis nach Sicherheit der Israelis nachkam.

Und diese Lösung wurde schließlich gefunden: Es war die Lösung, die den Krieg beendete: Die Sinai-Halbinsel fiel zurück an Ägypten und wurde zur entmilitarisierten Zone erklärt. Damit war die nationale Souveränität Ägyptens wieder hergestellt, und Israel fühlte sich sicher. Kein fremder Panzer stand mehr an seiner Westgrenze.

Lösungsweg:

Dadurch, dass intensiv nach den Gründen gefragt wurde, warum beide Parteien diese Ansprüche stellten, stellte sich heraus, dass die Interessen die zu diesen Forderungen führten, verschieden waren. Die verschiedenen Interessen konnten somit jede auf ihre Art befriedigt werden, ohne dass die Lösungen hiezu widersprüchlich waren (Denkanstoß 160).

20. Die Firmenaufteilung

Zwei Partner hatten jahrelang gemeinsam ein jetzt florierendes Unternehmen aufgebaut und sind je zur Hälfte daran beteiligt.

Beide wollen sich trennen, jeder will die andere Hälfte des Unternehmens vom anderen so billig wie möglich übernehmen. Es war klar, dass ein außen stehender Käufer nur einen Preis, der erheblich unter den Vorstellungen beider Partner lag, zahlen würde. Eine Versteigerung der Unternehmensanteile kam also nicht in Frage.

Man einigte sich schließlich, dass ein Partner, der notfalls durch Los oder Würfeln ermittelt werden sollte, einen fairen Preis und die zusätzlichen Verkaufsbedingungen für die Hälfte des Unternehmens festlegen sollte.

Anschließend hätte der andere Partner die Wahl, ob er zum festgelegten Preis der Käufer des anderen oder der Verkäufer seines Hälfteanteils sein will.

Da der Partner, der die Entscheidung über Preis und Verkaufsbedingungen fällt, nicht weiß, ob er der Käufer oder der Verkäufer sein wird, ist er gezwungen, Werte festzulegen, die für beide Seiten fair sind und auch für ihn persönlich zwei ausgewogene Wahlmöglichkeiten bieten.

Lösungsweg:

Auch hier wurde in einem äußerst komplexen Bereich das Grundmuster von „einer teilt, der andere wählt" angewandt. Ergänzt wurde das Teilen dadurch, dass der Teilende nicht nur den Preis, sondern auch die übrigen Verkaufsbedingungen festlegen sollte (Denkanstoß 233).

21. Die Brücke

Talleyrand, dank dessen Verhandlungskunst Frankreich aus dem Wiener Kongress als wahrer Sieger hervorging, und zwar ohne Sanktionen oder Reparationsleistungen, ging auch mit seiner Methode, die Brücke „Pont de Jéna" in Paris zu retten, in die Geschichte ein.

1815 siegten Wellington und Blücher bei Waterloo über Napoleon. In der Folge besetzten die alliierten Armeen Paris. Der Preuße Blücher wollte die Brücke „Pont de Jéna" in die Luft sprengen, da sie der Erinnerung an die Schlacht von Jena gewidmet war, die die Preußen 1806 gegen Napoleon verloren hatten.

Talleyrand konnte Blücher durch die simple Maßnahme der Umbenennung der Brücke in „Pont de l'Ecole militaire" davon abbringen, die Brücke zu sprengen.

Wie Talleyrand später selbst bemerkte, war das „eine Benennung, die die primitive Eitelkeit der Preußen befriedigte und als Wortspiel eine vielleicht noch gezieltere Anspielung war, als der ursprüngliche Name Jéna".

Lösungsweg:

Talleyrand beseitigte den formellen äußeren Anlass für die geplante Sprengung der Brücke durch eine Umbenennung. Damit war auch die „Provokation" beseitigt (Denkanstoß 208).

22. Hungerstreik gegen ein Urteil

Vor einigen Jahren gab es in Tirol einen unzufriedenen Bürger, der im Gerichtsgebäude mit einem Transparent „Hungerstreik gegen ein ungerechtes Urteil" gegen ein angeblich ungerechtes Urteil protestierte.

Der damalige Präsident des Oberlandesgerichtes Innsbruck, Dr. Karl Kohlegger, begab sich persönlich zum Demonstranten in die Eingangshalle, bekundete Verständnis dafür, dass dieser mit dem Urteil nicht zufrieden sei und bat ihn, vor dem Gericht zu demonstrieren und nicht im Gerichtsgebäude, weil er Demonstrationen im Gerichtsgebäude verbieten müsste, dies aber sehr ungern tun würde.

Auch wies er ihn darauf hin, dass die Demonstration vor dem Gericht einen viel größeren Effekt hätte, da dann auch alle Vorbeigehenden sein Transparent sehen würden.

Der demonstrierende Bürger ließ sich überzeugen und stellte sich schließlich vor dem Gerichtsgebäude auf.

Der Präsident des Oberlandesgerichtes veranlasste dann, dass ein Stuhl hinter ihn gestellt wurde und dass zu Mittag – es war in der glühenden Sommerhitze – zusätzlich vor den Demonstranten ein Tisch kam und ein kühles Bier sowie ein köstlich duftendes Gulasch serviert wurde.

Es dauerte nicht sehr lange, bis der „Hungerstreik" abgebrochen wurde. Der Demonstrant setzte sich hin, verzehrte die Suppe, trank das Bier und verschwand.

Lösungsweg:

Nicht durch Drohung mit Polizei und Sanktionen, sondern durch Kooperation und unerbetene „Hilfsbereitschaft", also durch das Gegenteil und durch übertriebenes Eingehen, wurde das Problem konfliktfrei gelöst (Denkanstöße 9, 27, 54, 92, 169, 296, 305).

23. Die Beendigung des Grenzstreites

Der spätere Hofrat der Tiroler Landesregierung, Dr. Ansgar Rudisch, war im Laufe seiner Gerichtspraxis 1958/1959 dem Bezirksgericht Kitzbühel zugeteilt.

Damit verbunden war für ihn als Jüngsten im Gericht auch der Dienst in der Audienzkanzlei. Hier wurde einmal wöchentlich die Bevölkerung in Rechtsfragen beraten und konnte man einfache Anträge und Klagen zu Protokoll geben.

Auch zu den Rechtsinformationstagen der Bezirkslandwirtschaftskammer in den verschiedenen Orten des Bezirkes wurde er als Auskunftsperson geschickt.

Dabei tauchte relativ häufig das Problem einer richtigen Grenzfeststellung, vornehmlich zwischen Waldgrundstücken und teilweise auch bei almwirtschaftlich genutzten Flächen auf.

Tirol war um die Jahrhundertwende von Vermessern des österreich-ungarischen Heeres planlich dargestellt worden. Die geraden Linien in den Katasterplänen entsprachen und entsprechen häufig nicht den bekannten oder vermeintlichen Nutzungsgrenzen.

Nach Rücksprache mit den Technikern des Vermessungsamtes bot sich in vielen Fällen und insbesondere dort, wo wegen des Seilbahn- oder Pistenbaues gesicherte neue Vermessungspunkte vorhanden waren, eine relativ einfache Neuvermessung an. Dies kostete allerdings auch etwas.

Zu diesem Zweck lud Dr. Rudisch die betroffenen Nachbarn vor, erklärte ihnen den Zusammenhang und forderte sie auf, zur Beendigung der unklaren Verhältnisse und zur Verhinderung von späteren Grenzstreitigkeiten je „einen Baum zur Verfügung zu stellen".

Aus dem Verkaufserlös der Bäume konnte dann die Vermessung und Verbücherung finanziert und alles im Grundbuch durchgeführt werden. Mit dieser unbürokratischen, ein eigenes formelles Grenzfeststellungsverfahren vermeidenden Methode, konnte Dr. Rudisch in zahlreichen Fällen zum nachbarschaftlichen Frieden beitragen.

Lösungsweg:

Dr. Rudisch benötigte Geld, um die Vermessung durchführen zu lassen. Dieses hätte er von den beteiligten Bauern aber kaum in bar bekommen. Aber von einem Baum trennten sich die Betroffenen leichter, obwohl dieser natürlich auch einen Wert hatte. Durch das Verlangen nach dem Sachwert je eines Baumes konnte somit schnell ein Einverständnis über die Finanzierung erzielt werden (Denkanstoß 278).

24. Die Reise nach Israel

Im November 1977 überrascht der ägyptische Präsident Anwar es-Sadat, der am 6. Oktober 1981 einem Attentat zum Opfer fiel, die Weltöffentlichkeit durch die Mitteilung, dass er Israel, mit dem sich Ägypten faktisch noch immer im Kriegszustand befand, besuchen werde.

Die Reise wurde ein historisches Ereignis:

Sadat sprach vor der Knesset, dem israelischen Parlament, über den Frieden. Mit dieser Reise wurde ein Grundstein für den israelisch-ägyptischen Friedensvertrag gelegt, der am 26. März 1979 in Washington zustande kam.

Lösungsweg:

Üblicherweise steht der Besuch der Staatsoberhäupter am Ende von Friedensverhandlungen. Sadat hat zeitlich das Gegenteil davon gemacht und damit ein Signal gesetzt, das dazu geführt hat, dass es trotz vieler Probleme letztlich zu einem bisher dauerhaften Frieden zwischen Ägypten und Israel kam (Denkanstöße 1, 413).

25. Die Rettung von Chrysler

Als Chrysler 1979 am Rande des Bankrotts stand, versuchte Lee Iacocca, der Präsident des Automobilunternehmens, den amerikanischen Kongress zu einer Bürgschaft für ein Darlehen zu bewegen. Es gab größten Widerstand.

Iacocca tat alles, um seine Gegner umzustimmen.

Seine Methode bestand darin, dass er harte realitätsprüfende Fragen stellte, die dazu dienten, das Augenmerk auf die unerfreulichen Folgen einer Ablehnung von Chryslers Bitte zu lenken:

„Wäre es für dieses Land wirklich von Vorteil, wenn Chrysler zu Grunde ginge und die Arbeitslosenquote der USA über Nacht um ein weiteres halbes Prozent stiege? Wäre der freien Marktwirtschaft wirklich gedient, wenn Chrysler schließen müsste und Zehntausende von Arbeitsplätzen an das Ausland verloren gingen?“ fragte Iacocca.

Iacocca legte eine Schätzung des Finanzministeriums vor, wonach die Entlassungen der Automobilarbeiter die Regierung allein im ersten Jahr an Arbeitslosenunterstützung und Sozialhilfe 2,7 Milliarden Dollar kosten würden.

Er stellte die Frage an die Abgeordneten: „Ihr habt die Wahl. Wollt ihr gleich 2,7 Milliarden Dollar zahlen oder wollt ihr für die Hälfte dieser Summe bürgen, mit einer guten Chance, alles zurückzubekommen?"

Obwohl die Volksvertreter im Kongress aus ideologischen Gründen sehr dagegen waren, Chrysler zu unterstützen, änderten sie ihre Meinung, als ihnen klar wurde, vor welcher Wahl sie tatsächlich standen.

Iacocca schreibt dazu: „Als dem Kongressmitglied klar wurde, wie viele Menschen in seinem Wahlkreis Chrysler ihre Existenz verdankten, hatten die ideologischen Bedenken ausgespielt." Iacocca erhielt die erwünschte Bürgschaft.

Dieser Erfolg Iacoccas im Kongress war umso bemerkenswerter, als vor gar nicht langer Zeit Iacocca stets leidenschaftlich die Ideale der freien Marktwirtschaft vertreten und jeden staatlichen Eingriff abgelehnt hatte.

Als ihm die Journalisten triumphierend seine früheren Äußerungen vorhielten, suchte er keine Ausflüchte und beschönigte nichts. „Und ob ich das gesagt habe. Ich fühle mich grässlich, meine Ideale zu verleugnen. Aber sollen denn so viele Leute ihren Arbeitsplatz verlieren?"

Lösungsweg:

> Indem Iacocca die konkreten ziffernmäßigen Folgen der Unterlassung aufzeigte und diese Folgen ins Verhältnis zu der von ihm gewünschten Garantie setzte, gelang es ihm durch die bildhafte Gegenüberstellung, die Kongressmitglieder zum Umschwenken zu bringen (Denkanstöße 10, 41, 72, 81, 192, 198, 205).

26. Kreiskys Erfolge

Bruno Kreiskys politische Erfolge wurden einmal von einem weisen Mann mit folgendem Witz erklärt:

Zum armen Milchmann Tevje kommt der Heiratsvermittler: „Ich habe eine Kandidatin für deinen Sohn." Tevje: „Der Bub ist erst 20 Jahre alt. Der soll zuerst was lernen."

Heiratsvermittler: „Schon. Aber wenn die Kandidatin die Tochter vom Rothschild ist?" Tevje: „Das ist etwas anderes!"

Der Heiratsvermittler ruft Rothschild an: „Ich habe einen Bräutigam für Ihre Tochter. Den Sohn vom Milchmann Tevje." Rothschild: „Der ist kein Kandidat für meine Tochter."

Heiratsvermittler: „Aber wenn er Vizepräsident der Weltbank wird?" Rothschild: „Das ist etwas anderes!"

Der Heiratsvermittler ruft den Präsidenten der Weltbank, Robert McNamara, an: „Ich hätte einen Vizepräsidenten für Sie.“ McNamara: „Ich hab’ schon so viele. Ich brauch’ keinen mehr.“

Heiratsvermittler: „Aber wenn er ein Schwiegersohn vom Rothschild ist?“ McNamara: „Das ist etwas anderes!“

Lösungsweg:

Erst dadurch, dass der Heiratsvermittler mögliche zukünftige Entwicklungen und Ergebnisse als fixe Tatsachen in sein Konzept einbaute, ermöglichte er deren Entstehen (Denkanstoß 74).

27. Die lange Garantiezeit

Bereits zur Zeit, als der Eiserne Vorhang noch bestand, waren Österreichs Firmen sehr stark im Exportgeschäft in östlichen Ländern tätig.

Für die östlichen Einkäufer war neben Qualität und Preis der Maschinen vor allem eine lange Lebensdauer erforderlich, da es in der Regel später kein Geld für Ersatzteile und Reparaturen gab oder der Bewilligungsweg für diese Reparaturaufwendungen äußerst mühsam war.

Darüber hinaus mussten die östlichen Einkäufer immer wenn es Reparaturen gab, mit dem Vorwurf ihrer Vorgesetzten rechnen, ein falsches, weil eben reparaturanfälliges Produkt ausgewählt zu haben.

Eine österreichische Waagenfirma kannte diese Problematik und bot ein kostenloses Ersatzteil- und Reparaturservice für eine um das Doppelte, manchmal sogar um das Dreifache längere Garantiezeit an, als sie von Mitbewerbern angeboten wurde. Der Aufwand für die durchschnittlich zu erwartenden Ersatzteil- und Reparaturkosten wurde in den Verkaufspreis einkalkuliert. Der war natürlich erheblich höher als der Verkaufspreis der Mitbewerber.

Trotzdem gelang es der Waagenfirma auf diesem Wege, den Markt für sich zu gewinnen, weil die Bedürfnisse der Kunden, eben keine späteren Ausgaben mehr zu haben, voll erkannt und berücksichtigt wurden.

Lösungsweg:

Dadurch, dass nicht mehr der Preis, sondern die Garantiedauer zum wichtigsten Verhandlungspunkt gemacht wurde, konnten viele Vertragsabschlüsse hereingeholt werden (Denkanstoß 371).

28. Der unwiderstehliche Verhandler

H.-Georg Macioszek beschreibt in seinem Buch „Chruschtschows dritter Schuh" ein Verfahren, das sich im übertragenen Sinn auch am Verhandlungstisch als wahres Zaubermittel bewährt hat:

Stellen Sie sich vor, Sie treffen nach längerer Zeit einen alten Bekannten wieder.

Sie begrüßen ihn und stellen ihm sofort eine Frage, die mit „wie" oder „warum" beginnt, zB.: „Wie geht es Dir geschäftlich?"

Sobald sein Redefluss zu versiegen droht, stellen Sie ihm eine weitere Frage und so fort. Sie geben ihm Gelegenheit, sich über seinen Beruf, seine Hobbys, seine Familie, seine ehrenamtlichen Tätigkeiten und die politische Lage zu äußern.

Nachdem Sie ihm zehn derartige offene Fragen gestellt haben, wird eine halbe Stunde vergangen sein, vielleicht sogar eine ganze. Sie entschuldigen sich jetzt mit einem wichtigen Termin und verabschieden sich. Im Weggehen danken Sie ihm für das interessante Gespräch.

Er wird Ihren Dank erwidern und vor lauter Freude nicht bemerken, dass Sie weniger ein Gespräch genossen als einen Monolog erlitten haben.

Er zumindest fühlt sich ausgezeichnet. Dank Ihrer Uneigennützigkeit konnte er eine Neigung ausleben, die zwar nicht in allen, aber doch in vielen Gesellschaften zu beobachten ist: Ein schier grenzenloses Mitteilungsbedürfnis.

Jeder will selbst reden und am liebsten über sich selbst. Das ist die einfache Wahrheit, aus der Ihnen für den Umgang mit anderen ein entscheidender Vorteil erwachsen kann. Einzige Bedingung ist, dass Sie es fertig bringen, sich selbst zu zügeln.

So kann allein aus dem interessierten Zuhören eine persönliche Beziehung zum Gesprächspartner entstehen, die alle zukünftigen Verhandlungen erheblich erleichtert.

Lösungsweg:

Dadurch, dass ich zuhöre und den Verhandlungspartner motiviere, zu erzählen, wie es ihm geht, gewinne ich nicht nur seine Sympathie, sondern auch sein Wohlwollen, mir in den Verhandlungen entgegenzukommen (Denkanstöße 93, 221, 287, 295, 346, 351, 404).

29. Das Sägewerk will sich vergrößern

Ein österreichischer Holzbetrieb aus der Steiermark will sein Sägewerk vergrößern. Die zusätzlichen Arbeitsplätze sind ein wichtiger Faktor in dieser Region. Zur Erweiterung braucht der Betrieb jedoch Liegenschaften in einer sensiblen Naturlandschaft.

Die Bevölkerung protestiert. Die Naturlandschaft soll erhalten bleiben. Der Konflikt droht zu eskalieren.

Schließlich konnte man sich im Wege der Umweltmediation darauf einigen, dass das Werk expandieren darf, dass der Eigentümer jedoch an einer anderen Stelle der Bachlandschaft eine landwirtschaftlich genutzte Fläche ankauft und diese in eine Naturlandschaft zurückführt.

Möglich wurde diese Einigung erst durch Vermittlung eines neutralen Dritten, eines Mediators, der die Streitparteien zur partnerschaftlichen Zusammenarbeit führte. Der Konfliktlösung ist ein Jahr gemeinsames Planen und Arbeiten in zehn Sitzungen sowie eine große Informationsveranstaltung mit der Bevölkerung vorausgegangen. So konnte das Sozialgefüge einer (Dorf-)Gemeinschaft erhalten bleiben.

Die Vorteile der Mediation sieht Thomas Krumpholz, der Generalsekretär der österreichischen Gesellschaft für Umwelt und Technik (ÖGUT), für den Betrieb in der Zeitersparnis durch vermeidbare Gerichtsverfahren und langwierige Gutachten. Darüber hinaus meint Thomas Krumpholz, dass das, was passieren kann, am Beispiel Lambach deutlich wurde: „Dort gehen die Risse quer durch die Familien; wegen des Kraftwerkbaues kam es sogar zu Ehescheidungen."

Lösungsweg:

Durch die Einschaltung eines Mediators wurde schließlich der Weg gefunden: Im Anbieten eines anderen Grundstückes als Ersatzlösung für die verlorene Naturlandschaft und in der Zurückführung dieses Grundstückes in eine Naturlandschaft liegt die Lösung für alle Betroffenen (Denkanstoß 86, 333, 372).

30. Abnahmegarantie statt Schadenersatz

Die Markenrechte für das X-Produkt lagen in fast allen Ländern bei einem österreichischen Produzenten, ausgenommen Spanien.

Dies machte sich ein spanischer Produzent zu Nutze. Er stellte das genau gleiche Produkt her, schützte es in Spanien markenrechtlich und ging dann mit dem Spruch in die Werbung, „Ein echtes X-Produkt zum Preis einer Kopie“. Mit dieser Werbung wurde das Produkt auch in Österreich über eine Einzelhandelskette angeboten und verkauft.

Eine klare Gesetzesverletzung. Der österreichische Produzent erwirkte deshalb eine einstweilige Verfügung auf Unterlassung des Verkaufes nach dem Gesetz gegen Unlauteren Wettbewerb und in einem Strafverfahren die vorläufige Beschlagnahmung aller spanischen X-Produkte der Einzelhandelskette.

Am Beginn des Gerichtsverfahrens, noch vor Aufnahme von Zeugenbeweisen etc., wurde von der Einzelhandelskette in Österreich ein Vergleichsgespräch gesucht.

Die Situation war schwierig, hatte doch der österreichische Produzent Schadenersatzansprüche in Millionenhöhe, weil die österreichweite Werbung mit dem oben zitierten Slogan zu erheblichen Umsatzeinbußen beim österreichischen Produzenten führte.

Das, was die Einzelhandelskette an Schadenersatz zu zahlen bereit war, lag meilenweit von den Vorstellungen des österreichischen Produzenten entfernt. Die Vergleichsgespräche scheiterten.

Doch plötzlich machte der Vertreter der Einzelhandelskette den Vorschlag, statt der spanischen Erzeugnisse die österreichischen Original X-Produkte in sein Sortiment aufzunehmen. Er bot eine Abnahmegarantie in erheblicher Größenordnung an und erklärte sich bereit, einen Betrag in mehrfacher Millionenhöhe für die Bewerbung der Original X-Produkte zur Verfügung zu stellen. Auch die bisherigen Prozesskosten des österreichischen Produzenten würden bezahlt werden.

Dieser Vorschlag wurde angenommen und die ursprünglich für alle Beteiligten negative Situation hat sich damit für beide zum Vorteil gewandt.

Lösungsweg:

Statt der Geldzahlung für Schadenersatz wurden andere Leistungen, nämlich Aufnahme des Original X-Produktes ins Sortiment, eine Abnahmegarantie, Millionen für die Werbung und der Ersatz der Prozesskosten angeboten. Durch das Hineinbringen völlig neuer Elemente verlor die ursprüngliche Forderung nach Schadenersatz in Millionenhöhe ihre Bedeutung, weil beide mit der neuen Lösung besser leben konnten (Denkanstoß 373).

31. Der Zeitungsverkäufer in Wien

In einem Wiener Kaffeehaus beobachtete ich eines Abends einen besonders geschickten „Kurier“-Verkäufer. Die Verkäufer anderer Zeitungen gingen regelmäßig von Tisch zu Tisch, zeigten die Zeitung und warteten auf die Entscheidung des Gastes, ob er kaufen wollte oder nicht.

Der von mir beobachtete „Kurier“-Verkäufer ging aber schnellen Schrittes durch das ganze Kaffeehaus und legte jeweils ein Exemplar der Abendausgabe seiner Zeitung auf jeden der kleinen Tische, an denen Gäste saßen.

Der Großteil der Gäste griff nach der Zeitung und warf zumindest einen Blick auf die Texte der Titelseite. Manche schlugen die Zeitung auch auf und überflogen den Innenteil.

Als der Verkäufer seine erste Runde beendet hatte, und dann das zweite Mal zu den Tischen kam, um die Zeitungen wieder einzusammeln, kauften ihm zahlreiche Gäste ein Exemplar ab.

Vielleicht war es durch das Anlesen eines Artikels wirkliches Interesse, vielleicht war es auch nur das Gefühl, durch das begonnene Lesen in der Zeitung gegenüber dem Verkäufer verpflichtet zu sein.

Was auch immer die Motive waren, dieser Verkäufer verkaufte meiner Schätzung nach mindestens das Dreifache dessen, was die anderen Verkäufer an sonstigen Abenden los wurde.

Lösungsweg:

Indem dieser Verkäufer seinen potenziellen Kunden ein bisschen des Lesegenusses schenkte, weckte er in ihnen Interesse und machte sie sich gleichzeitig auch etwas verpflichtet. Dadurch konnte er sie leichter zum Kaufentschluss bringen (Denkanstöße 64, 374).

32. Die Vermögensaufteilung bei der Ehescheidung

Es war eine einvernehmliche Ehescheidung wie viele andere, aber da waren etliche Stücke, an denen jeder der Ehepartner sehr hing.

Und auch sonst war viel Vermögen da: ein Wohnhaus, eine vermietete Wohnung, die Briefmarkensammlung, zahlreiche teure Bilder, Wertpapiere in Höhe von ca. 3 Millionen Schilling, einige Sparbücher mit Einlagen von 1,8 Millionen Schilling, eine kleinere Firmenbeteiligung und natürlich die ganze Wohnungseinrichtung.

Beide wollten keinen Streit, aber über die Bewertung des Wohnhauses, der vermieteten Wohnung, der Bilder und der Firmenbeteiligung konnte keine Einigung erzielt werden. Und dann waren da noch die persönlichen Stücke, die jeder gerne haben wollte.

Eine verfahrene Situation, bis einer der Anwälte den Vorschlag machte, ein Ehepartner solle innerhalb einer Woche zwei „Stöße" machen und alles aufteilen, der andere soll dann wählen. Wie in der Kindheit.

Die Ehepartner stimmten zu. Die Aufteilung fiel genau so schwer, wie dann die Wahl. Aber da jeder voll beteiligt war, konnte auch die Vermögensaufteilung einvernehmlich abgewickelt werden.

Lösungsweg:

Das Muster aus der Kindheit, einer teilt, der andere wählt, kann auch auf so komplexe Verhandlungssituationen wie eine Ehescheidung angewandt werden. Die Aufteilung der Verhandlung in zwei zeitlich aufeinander folgende Schritte bei denen je ein Beteiligter völlig allein entscheidungsbefugt ist, bindet jeden in die Entscheidungsfindung voll ein (Denkanstoß 233).

33. Der Haselnussverkäufer von Brüssel

Auf dem großen Rathausplatz von Brüssel, direkt gegenüber dem Rathaus, sind mehrere Straßencafés, eines neben dem anderen.

Der ganze Gehsteig war voll von Caféhaustischen, nur in der Mitte war für die Fußgänger ein Durchgang von 1 Meter frei.

Ein Haselnussverkäufer, ausgestattet mit einem großen Hüftkorb, mit abgepackten Tüten voller Haselnüsse, hatte an seinem Korb auch einen kleinen Becher mit unverpackten Haselnüssen fest geklemmt.

Mit einer kleinen Zange, so wie sie in Süßwarengeschäften manchmal verwendet wird, nahm er eine Haselnuss aus seinem Becher und legte sie den vorbeigehenden Fußgängern in die Hand. Jeder nahm und aß die Haselnuss und bedankte sich beim Haselnussverkäufer dafür.

Dieser legte dann sofort ein abgepacktes Tütchen in die Hände des Fußgängers und bat ihn um Bezahlung des Gegenwertes von ca. 20 Schilling. Es war ausgesprochen interessant zu sehen, wie fast alle lachten, die Geldtaschen zückten und schmunzelnd zahlten.

Durch den Verzehr der einzelnen geschenkten Haselnuss war offensichtlich das Gefühl, das Geschenk vergelten zu müssen, so stark, dass es kaum Widerstand gab.

Lösungsweg:

Dadurch, dass etwas verschenkt wurde, wird der Empfänger unter Druck gesetzt und fällt es ihm viel schwerer, einen Wunsch abzuschlagen, als wenn ihm nichts geschenkt worden wäre (Denkanstoß 64).

34. Der junge Senator in Moskau

In seinem Buch „Schwierige Verhandlungen" ging William L. Ury auch auf die Kunst des Umfunktionierens ein. Mit Umfunktionieren ist gemeint, das Augenmerk von den Positionen abzuziehen und auf das Problem zu richten. Er brachte hiezu das folgende Beispiel:

1979 stand der Rüstungskontrollvertrag SALT II im amerikanischen Senat zur Ratifikation an. Um die nötige Zwei-Drittel-Mehrheit zu erhalten, wollten die Senatsführer einen Nachtrag anfügen, aber das bedurfte natürlich der sowjetischen Zustimmung.

Ein junger amerikanischer Senator, Josef Biden, wollte damals nach Moskau reisen; deshalb ersuchte ihn die Senatsführung, diese Frage gegenüber dem sowjetischen Außenminister Andrej Gromyko anzuschneiden. Es war ein ungleiches Paar: Ein Senatsneuling hatte es mit einem hart gesottenen Diplomaten von unvergleichlicher Erfahrung zu tun.

Gromyko eröffnete die Diskussion mit einem einstündigen, eloquenten Vortrag darüber, dass die Sowjets beim Wettrüsten immer den Amerikanern hinterhergelaufen seien. Er schloss mit einer eindrucksvollen Argumentation, dass SALT II faktisch die Amerikaner mehr begünstige als die Sowjets und dass der Senat den Vertrag daher in der vorliegenden Form ratifizieren sollte – ohne den Nachtrag. Die sowjetische Position war ein unzweideutiges Nein.

Gromyko wandte sich dann Biden in der Erwartung zu, dessen Position und seine Argumente zu hören. Aber Biden nahm keine Gegenposition ein. Er trug auch keine Argumente vor.

Er sagte bloß langsam und ernst: „Mr. Gromyko, Sie haben sehr überzeugend gesprochen. Ich stimme vielem zu, was Sie sagen. Wenn ich jedoch zu meinen Kollegen im Senat zurückkehre und ihnen berichte, was Sie mir eben gesagt haben, dann wird das manche von ihnen wie Senator Goldwater oder Senator Helms nicht überzeugen, und ich fürchte, ihre Bedenken werden auch andere beeindrucken."

Biden legte nun deren Besorgnisse dar und fügte hinzu: „Sie haben mehr Erfahrung in diesen Dingen als jeder andere: Was würden Sie mir raten, wie ich auf ihre Einwände antworten könnte?"

Gromyko konnte der Versuchung nicht widerstehen, dem unerfahrenen jungen Amerikaner Ratschläge zu geben. Er verbrachte die verbleibenden zweieinhalb Stunden damit, ihm Anweisungen zu geben, was er seinen skeptischen Kollegen im Senat sagen sollte. Biden brachte nacheinander die Argumente vor, mit denen er es zu tun haben würde, und Gromyko setzte sich mit jedem einzelnen auseinander. Am Ende vermochte er vielleicht zum ersten Mal wirklich zu würdigen, weshalb der Nachtrag geeignet war, unsichere Senatsmitglieder zu überzeugen, und gab ihm seine Zustimmung.

Lösungsweg:

Statt die Argumente Gromykos zurückzuweisen, deutete Biden sie zu einem Plädoyer um, das Gromyko würde halten müssen, um Bidens skeptische Kollegen in Amerika zu überzeugen. Indem er Gromyko um Rat ersuchte, machte Biden das Problem zum Problem Gromykos, der schließlich aus seinen eigenen Begründungen erkennen musste, dass der Nachtrag notwendig war (Denkanstöße 3, 81, 197, 256, 261, 323).

35. Die Falklandinseln

Anfang April 1982 besetzte plötzlich Argentinien die englischen Falklandinseln.
Als die englische Premierministerin, Margareth Thatcher, sich anschickte, die Falklandinseln zurückzuerobern, blieb ein wichtiges Element ihrer Vorbereitung in den Medien unerwähnt: Sie äußerte nicht die Andeutung einer Drohung. Sie schickte vielmehr einen Teil ihrer Kriegsflotte auf den Weg zu den Falklandinseln.

Wohl fast alle Regierungschefs hätten nach der Besetzung der Inseln mit einem Angriff gedroht, wenn sich die Argentinier nicht innerhalb eines bestimmten Zeitraumes zurückziehen würden.

Von der argentinischen Besetzung bis zur Landung britischer Truppen vergingen drei Wochen.

Erst durch die Angriffe auf die Insel und die weitgehende Rückeroberung durch England war Argentinien schließlich bereit, am 15. Juni 1982 zu kapitulieren.

Thatcher hatte von vornherein gesagt, dass die Inselgruppe bedingungslos an England gegeben werden musste. Das hätte Großbritannien wohl auf dem Verhandlungsweg, ohne dass die Fakten gesetzt worden wären, nie in diesem uneingeschränkten Umfang erreicht.

Die argentinische Niederlage führte schließlich zum Sturz der Militärherrschaft in Argentinien.

Lösungsweg:

Thatcher ist davon ausgegangen, dass nur das Setzen konkreter Fakten, notfalls die gewaltmäßige Eroberung der gesamten Insel, die Argentinier zum Nachgeben bringen würde (Denkanstoß 376).

36. Die Blockade von Westberlin

1948 zog die Sowjetunion eine Blockade um das von der russischen Besatzungszone umgebene Westberlin auf und forderte den Abzug aller westlichen Truppen aus Westberlin. Bisher war die Zufahrt auf eigenen Straßenkorridoren von Westdeutschland nach Westberlin möglich.

Die Westmächte erwogen eine Durchbrechung der Blockade mit einem bewaffneten Konvoi, fürchteten jedoch, damit den Dritten Weltkrieg auszulösen.

Stattdessen entschieden sich die Westmächte, die Blockade zu neutralisieren, indem sie eine gigantische Luftbrücke organisierten, um die belagerten Bürger und die alliierten Streitkräfte in Westberlin mit allem Lebensnotwendigen zu versorgen.

Vom 25. Juni 1948 bis 6. Oktober 1949 brachten amerikanische und britische Flugzeuge in 277.728 Flügen Lebensmittel, Industriegüter und Kohle mit einem Gesamtgewicht von 2,1 Millionen Tonnen nach Westberlin.

Als Stalin erkannte, dass die Blockade nichts nutzte, blies er sie ab und ließ sich zu Verhandlungen herbei. Schließlich eröffnete er wieder die freien Zugangsstraßen nach Berlin. Ohne einen heißen Krieg zu riskieren, hatte es der Westen geschafft, Stalin klarzumachen, dass er sich nicht mit Gewalt durchsetzen konnte.

Durch die Blockade der Sowjetunion waren die USA, Großbritannien und Frankreich für die Westberliner von Besatzungsmächten zu Schutzmächten geworden.

Lösungsweg:

Die Westmächte reagierten, indem sie nicht die Sowjetunion angriffen, sondern indem sie die Fähigkeit der Sowjetunion, ihnen zu schaden, beseitigten. Dadurch machten sie klar, dass die Sowjetunion durch Gewalt nichts erreichen konnte, sodass diese schließlich nachgab (Denkanstöße 2, 27, 314).

37. Die Kaiserliche Hofburg zu Innsbruck

Vor einigen Jahren kam in Innsbruck die Überlegung auf, dass die Kaiserliche Hofburg zu Innsbruck vom Bund, also von der Republik Österreich, an das Land Tirol verkauft werden könnte.

Noch bevor die Diskussion über den Kaufpreis richtig in Gang kam, erklärte der Tiroler Landeshauptmann, Dr. Wendelin Weingartner, die Hofburg sei so wertvoll und von solcher historischer Bedeutung, dass der Kaufpreis nicht einmal geschätzt werden könne, so hoch wäre er.

Es würde deshalb nur eine Schenkung in Frage kommen. Geeignete Anlässe für diese Schenkung des Bundes an das Land Tirol wie zum Beispiel Jubiläen etc. ließen sich leicht finden.

Und ab diesem Zeitpunkt wurde tatsächlich über den Kaufpreis gar nicht mehr gesprochen, man diskutierte nur mehr über die Möglichkeit der Schenkung und deren Modalitäten.

Lösungsweg:

Durch das Einbringen der neuen Überlegung, schenken statt kaufen, wurde auch die ganze Diskussion in eine neue Richtung gelenkt (Denkanstoß 382).

38. Die Bewältigung des Glykolwein-Debakels

Die unselige Glykolwein-Affäre in Österreich und deren ungeschickte Bewältigung durch die Behörden reduzierten die österreichischen Weinexporte von 20 Millionen Schilling im Jahr 1984 auf 3,5 Millionen Schilling im Jahr 1986, also auf rund ein Sechstel.

Wie einfach so ein Debakel abzuwenden gewesen wäre, ist aus einem Bericht über das Verhalten der Italiener zu entnehmen:
Obwohl mindestens 25 Menschen aus ihrem letzten Chianti-Rausch nicht mehr aufwachten, nutzten die Italiener den Skandal zu ihrem Vorteil. Sie kauften jede Flasche zum eineinhalbfachen Verkaufspreis zurück und erzielten damit einen echten Imagegewinn. Ohne einen einzigen Zivilprozess!

Anders lief es jedoch beim Bemühen, den österreichischen Glykolwein zurückzugeben:
„Mit den Österreichern hingegen", so heißt es im Bericht weiter, „haben sich die Amerikaner um jede Flasche streiten müssen."

Ein deutscher Weinhändler zum Beispiel erhielt erst nach einem 11 Jahre dauernden Zivilprozess den Betrag von Schilling 15 Millionen als Schadenersatz gegen die Republik Österreich zugesprochen. Die Haftung der Republik wurde darauf gestützt, dass sie für jene Exporte hafte, die vom 20. März bis 3. Juli 1985 mit staatlichen Gütesiegeln nach Deutschland gingen.

Lösungsweg:

Die Italiener haben das Gegenteil gemacht, indem sie durch Zurückkaufen des verdorbenen Weines zu einem überhöhten Preis den Verlust noch größer machten. So konnte das Image der Italiener fast ohne Schaden erhalten bleiben, während das Image des österreichischen Weines, obwohl es keinen einzigen Toten gegeben hatte, zutiefst geschädigt wurde (Denkanstoß 377).

39. Das Grundstück an der Nachbarsgrenze

Es gibt wenige Gerichtsverfahren, die mit so viel Emotionen geführt werden, wie Streitigkeiten um Grundstücksgrenzen. Weil jeder Recht hat und auch jeder weiß, dass er Recht hat.

Ein solcher Streit war wieder einmal beim Bezirksgericht Kitzbühel in Tirol anhängig.

Es ging um einen Grundzwickel (Dreieck) von knapp 100 m^2 entlang der Grundgrenze zwischen einem bäuerlichen Gut und einem von einem deutschen Staatsbürger gekauften Nachbargrund. Dieser Grundzwickel war ein teilweise schräger Hang, nur mit wenigen dürren Stauden und Bäumen bewachsen und im Übrigen unproduktiv.

Da jeder überzeugt war, dass dieser Grundzwickel sein rechtskräftiges Eigentum war, wurde prozessiert. Die Gerichts- und Anwaltskosten betrugen auf jeder Seite schon fast 50.000 Schilling. Alle Versuche, den Streifen zu teilen oder zur dauernden Nutzung zu überlassen oder sonst eine Lösung zu finden, schlugen in 1. Instanz fehl.

Beim Lokalaugenschein an Ort und Stelle machte der vorsitzende Richter des Berufungssenats den Vorschlag, ob man nicht doch den Streit vergleichen könne. Der deutsche Staatsbürger meinte, er sei zu jedem Vergleich bereit, vorausgesetzt, die Grenze bleibe so, wie sie – in seinen Augen – richtig sei.

Daraufhin machte der Richter den Vorschlag, den Grundzwickel an den deutschen Grundeigentümer zu verkaufen. Dieser stimmte zur Überraschung aller sofort zu, der Bauer nannte als Preis 2.500 Schilling, der Deutsche zahlte an Ort und Stelle bar und die Prozesskosten wurden von jeder Partei selbst getragen.

Alle waren höchst zufrieden.

Im Weggehen meinte der Deutsche noch, „dies sei eine ausgezeichnete Lösung“, der Bauer meinte „aber zahlen hat er müssen“.

Lösungsweg:

Dadurch, dass statt Teilung, Nutzung oder langwierigem Prozess mit Zeugen und Urkunden vom Richter als neue Komponente der Verkauf eingebracht wurde, war plötzlich eine Lösung möglich. Dass der Kaufpreis von 2.500 Schilling gegenüber den Gerichts- und Anwaltskosten von je 50.000 Schilling nur ein Bagatellbetrag war, spielte keine Rolle, weil durch die neue Lösung des Verkaufes jeder das Gefühl hatte, er war im Recht und jetzt bekam er auch Recht (Denkanstoß 55, 156).

40. Die Fluglinie

Wie man eine persönliche Bindung zu einem Verhandlungspartner erfolgreich aufbaut, berichtet Robert Mayer in seinem Werk über Verhandlungskunst:

Einfühlsames Vorgehen verschafft den entscheidenden Wettbewerbsvorteil. Die Einladung zu einem schönen Mittagessen wirkt vielleicht überzeugender, als wenn Sie am nächsten Tag demselben Verhandlungspartner um mehrere Tausend Mark entgegen kommen.

Ein gutes, wenn auch mit Tragik verbundenes Beispiel lieferte dafür die amerikanische Fluglinie Delta Airways.

Innerhalb weniger Stunden nach einem Flugzeugabsturz in Texas mit 137 Todesopfern hatte Delta Airways zu jeder Familie eines Opfers einen Mitarbeiter entsandt. Dessen Aufgabe bestand darin, den Hinterbliebenen ihr aufrichtiges Mitgefühl auszudrücken und ihnen die Anteilnahme der Fluggesellschaft zuteil werden zu lassen.

Das Wallstreetjournal sah als Grundlage dieser Vorgangsweise einen perfekt ausgearbeiteten Plan, der gleich nach einer Katastrophe realisiert werden sollte und wurde.

Das Resultat war, dass es später vielen Angehörigen schwer fiel, die Fluggesellschaft, also einen Freund, zu verklagen. Diese umgehende Herstellung einer Bindung war ein Teil der Strategie Deltas zur Eindämmung von gerichtlichen Klagen.

Angeblich war diese Strategie außerordentlich erfolgreich und die meisten Ansprüche wurden außergerichtlich bereinigt.

Lösungsweg:

Dadurch, dass Delta ganz schnell auf die Emotionen der Angehörigen reagierte, gelang es, eine ganz persönliche Gesprächsbasis herzustellen, auf der dann auch die Schadenersatzansprüche ohne Prozess erledigt werden konnten (Denkanstöße 92, 284, 361, 370, 413).

41. Die Einstimmigkeit

Nach dem 2. Weltkrieg war Österreich bis zum Staatsvertrag 1955 unter der Kontrolle der vier Besatzungsmächte: USA, Frankreich, England und Russland.

Deren Kompetenzen wurden im so genannten Kontrollabkommen vom 28. Juni 1946 festgelegt. Die mit dem Prinzip der Einstimmigkeit in diesem Gremium verbundenen Probleme schilderte der Oberkommandierende der französischen Truppen in Österreich, General Emile Béthouart, in seinem Buch: „Die Schlacht um Österreich", wie folgt:

Für die österreichische Regierung stellte die Kontrolle der Alliierten einen unangenehmen, nicht zu berechnenden Faktor dar, da das vom Alliierten Rat von Anfang an anerkannte Prinzip der Einstimmigkeit sich praktisch so auswirkte, dass es jedem der vier ein Einspruchsrecht erteilte. Wenn eines der vier Mitglieder der Besatzung die österreichische Regierung lahm legen wollte, konnte es das dadurch erreichen, dass es allen Gesetzesbeschlüssen und Erlässen seine Billigung versagte.

Das war eine sehr ernste Frage, und es glückte nur durch einen Kunstgriff, der Stalins Emissär entgangen war, die Klippe der erforderlichen Einstimmigkeit zu umgehen und der österreichischen Regierung die Erfüllung ihrer Aufgaben zu ermöglichen. Im anderen Fall hätte sie sehr leicht für die Dauer der Besatzung zur völligen Bewegungslosigkeit verurteilt sein können.

Vizekanzler Schärf hatte sich angesichts der drohenden Gefahr bereits aufgemacht, um die neue Labourregierung in London zu mobilisieren, doch die Angelegenheit wurde auf ganz andere Weise erledigt, und zwar im Exekutivkomitee, wo General Cherriére, mein Stellvertreter, als Deus ex machina auf dem Plan erschien.

Er machte den Vorschlag, das Prinzip der einstimmigen Billigung gegen das der einstimmigen Ablehnung zu vertauschen, wobei Verfassungsgesetze ausgenommen sein sollten, für die wie bisher die Zustimmung der vier Hochkommissare erforderlich blieb.

Was die übrigen Gesetze und Verordnungen betraf, so kam man überein, dass sie aus Gründen der Vereinfachung und Beschleunigung einen Monat nach Vorlage beim Alliierten Rat automatisch in Kraft treten sollten, falls nicht die vier Hochkommissare einstimmig die Ablehnung beschlossen

Der Begriff „Verfassungsgesetze" wurde nicht weiter präzisiert, der Antrag vom Exekutivkomitee einstimmig angenommen und vom Alliierten Rat ohne Debatte bestätigt.

Erst bei Anwendung der neuen Regelung merkten unsere russischen Kollegen, dass sie einen Fehler begangen hatten. Sie versuchten in der Folge alles Mögliche, um ihn wieder gut zu machen, aber dazu war es bereits zu spät. Sie hatten offenbar geglaubt, sie könnten jeden Gesetzesbeschluss, dessen Kundmachung sie verhindern wollten, einfach zum Verfassungsgesetz erklären.

Mit dieser „Methode“ wollten sie sich zum Beispiel in der Ratssitzung vom 2. August 1946 einem österreichischen Gesetz über die Verstaatlichung von Betrieben widersetzen, weil sie fürchteten, es würde sich auf das „Deutsche Eigentum“, das sie sich in ihrer Zone angeeignet hatten, anwenden lassen.

Die Sowjets erklärten, dass es sich um ein Verfassungsgesetz handle, weil es in die Struktur der österreichischen Wirtschaft ändernd eingriff, und beschuldigten Regierung und Nationalrat der geplanten Verletzung des Kontrollabkommens.

Es fiel uns nicht schwer, ihnen zu beweisen, dass dieses Gesetz mit der Verfassung nichts zu tun hatte, und wir gaben ihnen zu verstehen, dass es mangels einer einstimmigen Ablehnung nach Ablauf eines Monats kundgemacht und damit verbindlich würde.

Verfassungsgesetze sind bekanntlich genau umschrieben und durch ihr Wesen als Änderungen von Verfassungsbestimmungen auch nicht sehr häufig. Dank diesem Umstand und dem Kunstgriff Cherriéres konnten die Bundeskanzler und ihre Minister neun Jahre hindurch regieren; ohne jede Behinderung in den Westzonen, weniger reibungslos allerdings in der Sowjetzone, wo der Hochkommissar, aus eigener Machtvollkommenheit und ohne den Alliierten Rat zu verständigen, für sein Gebiet die Anwendung gewisser von ihm abgelehnter Gesetze verbot, obwohl es sich um keine Verfassungsgesetze handelte.

Lösungsweg:

Durch die Änderung, dass die Einstimmigkeit nicht mehr für die Annahme, sondern für die Ablehnung gelten sollte, wurden die Machtverhältnisse radikal verändert. Durch die Verwendung des Begriffes „Verfassungsgesetz“, der von den Alliierten verschieden interpretiert wurde, wurde die Diskussion auf ein Nebengleis verlagert (Denkanstöße 331, 380).

42. Das Schmerzensgeld

Bei Unfällen mit Verletzten stellt sich dem beauftragten Rechtsanwalt immer auch die Aufgabe, die Höhe des von der gegnerischen Versicherung zu zahlenden Schmerzensgeldes auszuhandeln. Dabei geht es bei der Versicherung weitgehend auch um Ermessensentscheidungen.

In einem Fall hatte der Anwalt 500.000 Schilling geltend gemacht, etwas überhöht, damit in den Verhandlungen mit der Versicherung noch Spielraum blieb.

Die Versicherung war als Ergebnis langwieriger und mühsamer Verhandlungsgespräche endlich bereit, 380.000 zu zahlen, aber keinesfalls mehr. Wenn der Anwalt bzw. sein Mandant mit diesem Betrag nicht einverstanden sei, möge er doch prozessieren.

Der Anwalt wusste, dass es fraglich war, ob er bei Gericht überhaupt die 380.000 zugesprochen erhielt oder weniger. Ganz abgesehen von der Dauer, der Mühsal und dem Risiko eines Gerichtsverfahrens mit Zeugen, Beweisaufnahmen, Schriftsätzen, Sachverständigenkosten, etc.

Der Anwalt und sein Klient waren sich einig: Wir wollen keinen Prozess.

Bevor der Anwalt nun der Versicherung sein Einverständnis übermittelte, versuchte er es ein letztes Mal. Er rief den Sachbearbeiter an und wollte noch eine Erhöhung. Die Versicherung war aber nicht bereit.

Da machte der Anwalt dem Sachbearbeiter den folgenden Vorschlag: Er würde zu jedem Betrag, der zwischen 380.000 und 500.000 liege, abschließen. Der Sachbearbeiter möge den Betrag nennen, der Anwalt stimmt vorbehaltlos bereits jetzt zu.

Diese Verdrehung der Situation löste den Sachbearbeiter der Versicherung aus seiner Fixierung. Die Aussage, 380.000 und nicht mehr, galt nicht mehr so unveränderlich, weil der Sachbearbeiter jetzt plötzlich selbst die Macht zur Entscheidung hatte.

Und nach kurzer Überlegung sagte er: „Also gut: 410.000“ und damit wurde der Akt erledigt. Der Klient bekam um 30.000 mehr als er sonst bekommen hätte.

Lösungsweg:

Durch den Rollentausch, der den Sachbearbeiter mächtig und stark machte, konnte er jetzt auch leichter ohne Gesichtsverluste noch etwas dazugeben (Denkanstoß 333).

43. Die Hotline

Bei einem Tennisplatz in Deutschland wurden etliche Umbauten und der Bau einer ausfahrbaren Tribüne durchgeführt. Die Nachbarn regten sich über den Baulärm, der zu den unmöglichsten Zeiten verursacht wurde, auf.

Als ihre Beschwerden keine Wirkung zeigten, gingen sie zu Gericht und beantragten die Einstellung des Baus.

Die Nachbarn waren vor allem auch verärgert, weil sie mit ihren Beschwerden nie über den Platzwart hinausgekommen waren.

Der Richter versuchte zu vermitteln und erreichte schließlich folgende Lösung:
Von den betroffenen Nachbarn wurde eine telefonische Hotline zu den Vorstandsmitgliedern des Tennisclubs eingerichtet. Damit war der Ärger der Nachbarn ernst genommen und sie zogen ihre Klage zurück.

Die Hotline wurde übrigens dann nie gebraucht.

Lösungsweg:

> Dadurch, dass der Tennisclub den Ärger der Nachbarn ernst nahm, war der Weg frei für eine simple Lösung abseits des Gerichtes und der Gesetze (Denkanstoß 255, 301, 361, 404).

44. Umgang mit Demonstranten im 19. Jahrhundert

Während einer der im 19. Jahrhundert in Paris häufigen Unruhen erhielt der Kommandant einer Gardeabteilung den Befehl, einen Platz von dem dort demonstrierenden Pöbel durch Gebrauch der Schusswaffe zu räumen.

Er befahl seinen Leuten, durchzuladen und die Gewehre auf die Demonstranten anzulegen. Während die Menge vor Entsetzen erstarrte, zog er seinen Säbel und rief mit schallender Stimme:
„Mesdames, Messieurs, ich habe den Befehl, auf den Pöbel zu schießen. Da ich vor mir aber eine große Anzahl ehrenwerter Bürger sehe, bitte ich Sie, wegzugehen, damit ich unbehindert auf den Pöbel feuern kann."

Der Platz war in wenigen Minuten leer.

Lösungsweg:

> Eine unerwartete neue Definition derselben Situation brachte die Demonstranten dazu, sich der Betrachtungsweise des Kommandanten anzuschließen. Das Problem wurde umformuliert, also anders bezeichnet und konnte so von allen Beteiligten einfach gelöst werden, ohne dass durch Gewaltanwendung die Unruhen noch weiter angefacht wurden (Denkanstoß 208, 359).

45. Die Uhr wird angehalten

Internationale Verhandlungen sind oft von vornherein zeitlich genau begrenzt. Sie enden in der Regel um Mitternacht des letzten Verhandlungstages.

Gerade bei schwierigen Verhandlungen zwischen Staaten kommt es aber fallweise vor, dass das Ergebnis in greifbare Nähe gerückt ist, aber die Zeit abzulaufen droht.

Häufig wird dann fünf Minuten vor Mitternacht im Konferenzraum die Uhr angehalten und die Verhandlungen werden unter erhöhtem Druck, manchmal bis weit in den nächsten Tag hinein, fortgesetzt, bis dann endlich das Ergebnis da ist.

Und alles unter der Fiktion, es sei das Ergebnis am letzten Tage der Frist, noch vor Mitternacht erzielt worden.
Wie bei den so genannten Marathonverhandlungen im Rahmen der EU, wird sicher die Ermüdung der Teilnehmer zusätzlich dazu beitragen, dass man sich zu einem Ergebnis durchringt.

Lösungsweg:

Dadurch, dass alle so tun „als ob" und keiner da ist, der sich darüber beklagt, dass dem nicht so ist, ist das Uhr-Anhalten zwischenzeitlich bei internationalen Verhandlungen unter Zeitnot zu einem fast normalen Instrumentarium geworden (Denkanstoß 48).

46. Der Kampf um die Orange

Zwei Kinder streiten sich um eine Orange. Nachdem sie sich endlich geeinigt haben, dass sie die Orange aufteilen und durchschneiden werden, stellt sich heraus, dass das eine Kind die Schale wegwirft und die Frucht isst und das andere Kind die Frucht wegwirft und die Schale nimmt, um damit einen Kuchen zu backen.

Hätten beide vorher geklärt, weshalb sie die Orange wollen, hätte jedes Kind die ganze Frucht bzw. die ganze Schale erhalten und es wäre damit schnell eine für alle noch befriedigendere Lösung erreicht worden.

Lösungsweg:

Durch die Frage nach den Interessen des anderen, also wozu jedes Kind die Orange will, hätte das Ziel für jedes Kind schneller erreicht werden können, ohne dass es einen langen Streit um die Orange gegeben hätte (Denkanstöße 35, 398, 404).

47. Der Gutschein

In einem Vortrag in Innsbruck hat Univ.-Prof. Dr. Fritjof Haft das Beispiel des Pulloverkaufes gebracht:

Meine Frau kauft gelegentlich Kleidungsstücke ein. Dabei spielen Regeln eine Rolle, die ich noch nie durchschaut habe, Regeln in Bezug auf Farbe, Schnitt und auf das, was gerade modern ist, und was nicht.

Gelegentlich, sehr selten, kommt es vor, dass sie einen Pullover nach Hause trägt. Schon auf dem Heimweg kommen ihr Zweifel. War es denn das Richtige? Zuhause verdichten sich die Zweifel und die Frage erhebt sich: Kann man den Kauf wieder rückgängig machen?
Der Pullover ist leuchtend gelb und wir befinden uns in einer Saison, in der nach mir unerfindlichen Gesetzen blau getragen wird. Also, ein gelber Pullover ist zu blauer Zeit im Haus. Nun entschließt sich meine Frau, es mit dem Rückgängigmachen zu probieren.

Sie geht in das Geschäft. Es ist ein eher kleineres Geschäft. Der Pulloververkauf ist dort der einzige Monatsumsatz gewesen. Eine sehr verhärtete Haltung erwartet meine Frau. Sie sagt, sie hätte den Pullover gern wieder zurückgegeben.
Nun wird nicht etwa die Komplexität des Interessenkonflikts analysiert, sondern es werden Geschichten erzählt. Der Inhaber des Ladens führt aus, zwar trügen im Augenblick tatsächlich viele Damen blau, aber die blaue Saison sei im Grunde schon vorbei, die nächste Saison werde gelb sein, und meine Frau sei ihrer Zeit voraus, was das Modischste sei was man sich überhaupt vorstellen könne.

Der Handel, der mit solchen Konflikten ständig lebt, hat dafür längst eine Lösung gefunden, die in keinem Gesetzbuch steht, die auch dort nie stehen kann, die aber allen Beteiligten hilft, nämlich den Gutschein.

Die Ware wird zurückgenommen, der Kunde bekommt einen Gutschein und kann damit immer wieder mal im Laden vorbeischauen, um zu sehen, ob etwas Neues da ist. Damit wird auch den Interessen des Handels gedient. Diese Interessen gehen dahin, Umsatz zu machen und zufriedene Kunden zu haben, die wiederkommen.

Meine Frau kommt gerne wieder. Ich würde als Händler alles tun, um meine Frau als Kundin zu bewahren.

Lösungsweg:

Dadurch, dass statt der nicht durchsetzbaren Aufhebung des Kaufvertrages eine Alternative gefunden wurde, nämlich der Gutschein, ist beiden Beteiligten gedient: Der Verkäufer hat den gesicherten Umsatz und der Käufer hat sein Geld nicht verloren für etwas, was er nicht mehr haben will (Denkanstoß 324).

48. Der Aufstand der Plebejer

Im alten Rom proben die Plebejer, die Angehörigen der Unterschicht, den Aufstand.
Sie wollen nicht länger für die – ihrer Meinung nach – faule Adelsschicht schuften und drohen mit Auswanderung. Am Stadttor werden sie aufgehalten durch die Rede eines Philosophen. Dieser erzählt ihnen die Fabel vom Aufstand der Glieder des Körpers gegen den faulen Magen – und wie es diesen Gliedern ziemlich schlecht bekam, als sie den Magen bestreikten.

Das Bild von den Gliedern und dem Magen artikuliert das rumorende Gefühl der Plebejer, dass sie viele seien, die hart arbeiteten und viel leisteten, während eine kleine Schicht sich versorgen lässt und selbst anscheinend nichts tut.

Das Beispiel verweist darauf, dass trotz des ersten Eindrucks möglicherweise noch eine andere, gegenseitige Abhängigkeit zwischen Plebejern und Adel besteht, sodass es ihnen ohne den Adel ähnlich schlecht ergehen könnte wie den Gliedern ohne den Magen.

Ergebnis: die Plebejer kehren in die Stadt zurück und beginnen mit dem Adel über eine andere Verteilung der Rechte und Befugnisse zu verhandeln.

Lösungsweg:

Durch das für jeden nachvollziehbare plastische Beispiel des Aufstandes der Glieder des Körpers gegen den faulen Magen gelang es, die Situation zu entschärfen, sodass Verhandlungen begonnen werden konnten. Das Beispiel hatte den großen Vorteil, dass jeder Mensch selbst erlebt, wie Glieder und Magen arbeiten und deshalb aus eigenem nachvollziehen kann, was passieren würde, wenn man die beiden voneinander trennen würde (Denkanstoß 145).

49. Die schwer einbringliche Forderung

Ein Schuldner hatte einen Bankkredit von 1 Million Schilling aufgenommen, war jedoch – aus welchen Gründen auch immer – nicht mehr in der Lage, die Kreditraten zu zahlen und damit den Kredit zu tilgen.

Die Bank brachte die Klage ein. Banken können sich naturgemäß nicht auf eine schlichte Aussage des Schuldners, er habe kein Geld, verlassen, sondern müssen sich ein gerichtliches Urteil verschaffen, um, eventuell auch erst viel später, zu ihrem Geld zu kommen.

Dem gegenüber steht das Interesse des Schuldners, sich der Zahlungspflicht zu entziehen. Solange gegen den Schuldner kein Urteil vorliegt, hat er nichts zu befürchten. Und wenn er den Prozess in Verfahrenshilfe (früher Armenrecht) führt, so belasten ihn auch die Kosten seines Anwalts nicht.

Die Bank stand vor dem Dilemma: Der Schuldner bestritt naturgemäß alles was bestreitbar war, dass es seine Unterschrift gewesen sei, dass der Saldo richtig berechnet sei, dass die Zinsen richtig gerechnet worden seien, er behauptet, man habe ihm zugesagt, die Forderung zu stunden, sie sei also nicht fällig, etc.

Auch wenn alle Beteiligten der Überzeugung sind, dass diese Einwände nur dazu dienen, die Urteilsfällung zu verzögern, musste die Bank die Einwände ernst nehmen und Stück für Stück entkräften, damit der Richter sein Urteil fällen kann.

So ein Prozess mit einem unwilligen Schuldner kann bis zu einem rechtskräftigen Urteil des Obersten Gerichtshofes Jahre dauern. Der Schuldner hat ja, wenn er kein Geld hat, nichts zu verlieren.

Für solche Fälle hat sich in der Praxis der so genannte „Prämienvergleich" entwickelt:
Der Schuldner lässt ein Anerkenntnisurteil über den gesamten eingeklagten Betrag samt Zinsen und Kosten ergehen und die Bank schließt sodann einen Vergleich mit ihm, wonach er zB. nur 90% der Schuld zahlen muss, dies jedoch entweder mit einer Zahlung innerhalb von zB. drei Monaten oder in regelmäßigen monatlichen Ratenzahlungen.

Sollte die einmalige Zahlung oder auch nur eine der Ratenzahlungen nicht fristgerecht erfolgen, so muss der Schuldner den gesamten ursprünglich eingeklagten Betrag zuzüglich Zinsen und Kosten bezahlen und kann die Bank diesen Gesamtbetrag exekutieren.

Für den Schuldner bietet diese Lösung die Möglichkeit, dass er bei Sofortzahlung oder Einhaltung der regelmäßigen Ratenzahlungen, also als sich bemühender Schuldner von einem Teil der Forderung befreit ist. Für die Bank bietet diese Lösung den Vorteil, dass nicht viel Zeit und hohe Prozesskosten investiert werden müssen, die dann vom Schuldner vielleicht nicht einbringlich gemacht werden können. Darüber hinaus bekommt die Bank schnell ein Urteil, das bei Nichtzahlung durch den Schuldner in ganzer Höhe vollstreckbar ist.

Lösungsweg:

Durch Identifizierung der Interessen der Bank, keinen langen Prozess sondern einen schnell vollstreckbaren Anspruch zu haben, und der Interessen des Schuldners, zB. nicht sofort, sondern langfristig mit Raten zu zahlen, wird eine Lösung gefunden, die für beide Beteiligten attraktiv ist (Denkanstoß 404).

50. Der ägyptische Präsident Nasser und der Truppenabzug

1970 interviewte ein amerikanischer Anwalt den ägyptischen Präsidenten Nasser über den arabisch-israelischen Konflikt.

Er fragte Nasser: „Was sollte Ministerpräsidentin Golda Meir Ihrer Auffassung nach tun?"

Nasser: „Ihre Truppen abziehen!"

„Abziehen?"

„Ja, von jedem Quadratmeter arabischen Bodens."

„Ohne Gegenleistung Ihrerseits?" fragte der Amerikaner ungläubig.

„Ja. Es ist unser Land. Sie sollte versprechen, dass sie ihre Truppen abzieht", antwortete Nasser.

Der Amerikaner fragte weiter: Was würde wohl geschehen, wenn Frau Golda Meir morgen im israelischen Rundfunk verkünden würde: „Im Namen des israelischen Volkes verspreche ich hiermit, dass wir uns von jedem Quadratmeter des 1967 besetzten Landes zurückziehen: vom Sinai, dem Gaza-Streifen, der West-Bank, aus Jerusalem, den Golan-Höhen. Und ich gebe weiter bekannt, dass die Araber keinerlei Gegenleistung erbringen."

Nasser brach in Lachen aus. „Oh, da hätte sie wohl allerhand Schwierigkeiten in ihrem Land!"

Nasser verstand, welche unrealistische Option er hier Israel angeboten hatte, und das mag dazu beigetragen haben, dass er etwas später am selben Tag einer Feuereinstellung im Abnutzungskrieg zustimmte.

Lösungsweg:

Dadurch, dass der Anwalt Präsident Nasser fragte, was die israelische Ministerpräsidentin seiner Meinung nach tun sollte und Nasser weiter fragte, was dann in Israel geschehen würde, hat er offensichtlich erreicht, dass man in Ägypten den Truppenabzug als unrealistisch betrachtete (Denkanstöße 74, 263).

51. Die drei Stimmzettel

In seinem erfrischenden Buch „Der Maulkorb", schildert Heinrich Spoerl die folgende Geschichte aus einer kleinen Stadt:

Über Nacht hatte jemand dem Denkmal des Landesherrn einen Maulkorb angeschnallt, einen richtiggehenden, großen, ledernen Maulkorb.

Große Aufregung: Die Polizei sperrt den Platz, der Maulkorb wird abgenommen, ein abgesprungener Mantelknopf wird gefunden und sichergestellt.

Polizeiverwaltung, Staatsanwaltschaft, Kriminalinspektion, Oberstaatsanwaltschaft, Justizministerium, Regierungspräsident, Ministerium des Inneren, Hofmarschallamt, alle sind in irgendeiner Form eingeschaltet, um den Täter zu finden.

Staatsanwalt v. Treskow wird beauftragt, die Untersuchungen zu führen und zu koordinieren.

Und, ohne dass es der Herr Staatsanwalt selbst merkt, zieht sich das Netz um ihn selbst immer mehr zusammen: er war der nächtliche, stockbetrunkene Täter, der den Maulkorb angebracht hatte.

Da meldet sich ein Zeuge, der Maler Rabanus, der den Täter in der Nacht beobachtet hatte und der sich gleichzeitig für Trude, das bildhübsche Töchterchen des Staatsanwaltes interessiert. Als er seine Aussage machen sollte und dabei direkt auf den von ihm als Täter beobachteten Staatsanwalt v. Treskow trifft, zögert er, die Wahrheit zu sagen. Ein anonymer Erpresserbrief an die Familie des Staatsanwaltes wird dem Maler Rabanus zugeschrieben.

Die Ehefrau des Staatsanwaltes weiß zwischenzeitlich durch Indizien, dass ihr Mann der Täter ist. In ihrer Not beruft sie den Familienrat ein, ihr Mann darf natürlich nichts davon erfahren.

Frau v. Treskow erstattete Bericht. Die Maulkorbsache und der ehrenvolle Auftrag ihres Gatten, die Untersuchung zu leiten, war allen bekannt, es hatte in den Zeitungen gestanden, und ihr Gatte Herbert war auf dem besten Wege, das Prunkstück der Familie zu werden. Aber dann kam der große Haken: Der Herr Staatsanwalt sein eigener Täter; der Staatsanwalt, der im Begriff steht, sich selbst beim Wickel zu fassen.

„Er weiß natürlich nichts, darf auch nichts wissen. Ich habe bisher alles von ihm fern gehalten, die Hausdurchsuchung unterbrochen, den Knopf angenäht, den zu Hause fehlenden Maulkorb ersetzt, den Brief unterschlagen.“

Leider hat die Sache einen Haken: Rabanus, der Augenzeuge.

Beschluss: Kaufen. Wie viel wird nötig sein? Man greift zu den Scheckbüchern.

Frau v. Treskow schüttelt den Kopf: Dieser Rabanus sieht nicht nach Kaufen aus.

Beschluss: Man wird ihm ein Pöstchen verschaffen: Sie sehen sich gegenseitig an. Es sind lauter Leute mit langem Arm und ausgezeichneten Verbindungen, es wird eine Kleinigkeit sein. Was kann der Mann? Hat er hohe Ansprüche?

Die Sache liegt noch ganz anders. Hier ist der Drohbrief; er hat auch schon Besuch gemacht, ist mir nichts dir nichts ins Haus gefallen mit Redensarten und Andeutungen: Er will die Trude!

Die Versammelten sind empört. Aber die Alternative ist klar und eindeutig: Trude oder die Katastrophe. Das arme, arme Kind. Auf keinen Fall darf es geopfert werden. Schon der Gedanke ist ein Verbrechen.
Einstimmig ist man dieser Ansicht.

Immerhin solle man auch die Meinung der anderen achten. Es wäre angebracht, darüber abzustimmen, wegen der Wichtigkeit des Falles. Natürlich geheime Abstimmung.

Frage: Soll Trude geopfert werden? Ein Kreuz bedeutet ja. Elisabeth sammelt die Zettel in einer Chinavase, schüttelt und öffnet mit zitternder Hand.

Der Erste: Ja. – Allgemeine Entrüstung.
Der Zweite: Ja. – Zweite Entrüstung.
Der Dritte: Ja. – Dritte Entrüstung.

Weiter ja und weiter Entrüstung. Bis zum letzten Ja und zur letzten Entrüstung.
Das hat man von der geheimen Abstimmung!

An diese Möglichkeit hat niemand gedacht. Jeder hat auf ein paar Neinstimmen der anderen gehofft, hinter die man sich hätte verstecken können. Eine einzige Neinstimme hätte genügt, um jeden zu decken. Jetzt fühlen sich alle entlarvt, sehen sich gegenseitig vorwurfsvoll an und sind auf einmal sehr, sehr kleinlaut.

Einer der Familienangehörigen überlegte dann für ähnliche Situationen, wie man es machen müsste, damit zwar das Ergebnis nach wie vor klar sei, aber es trotzdem unmöglich sein würde, den einzelnen hinsichtlich seines Abstimmungsverhaltens festzunageln.

Und er kam zur Lösung, dass jeder drei Stimmzettel erhalten sollte. So könnte er zwei mit „ja“ und eine mit „nein“ abgeben und das Geheimnis der Abstimmung würde auf Dauer gewahrt bleiben.

Lösungsweg:

Üblicherweise hat bei einer Abstimmung jemand nur eine Stimme. Wenn sein Stimmrecht verdreifacht wird, ihm also drei Stimmzettel zur Verfügung gestellt werden, so kann das oben angestrebte Ziel der Wahrung des Abstimmungsgeheimnisses auch bei eindeutiger Mehrheitsmeinung erreicht werden (Denkanstoß 384).

52. Stalins Tochter

In seinen Memoiren kritisiert Chruschtschow den Absprung der Tochter Stalins in den Westen, zeigt aber auf, dass dies auch anders gesehen werden kann:

Die ganze Angelegenheit hat aber noch eine andere Seite. Swetlanka beging zwar eine Dummheit, doch wurde auch sie dumm behandelt – dumm und roh. Nach der Bestattung ihres Mannes ging sie anscheinend zu unserer Botschaft in Neu Delhi. Damals war Benediktow unser Botschafter dort. Ich kenne ihn. Er ist ein sehr engherziger Mann.

Swetlanka sagt, sie wolle gern einige Monate in Indien bleiben. Benediktow jedoch riet ihr, unverzüglich in die Sowjetunion zurückzukehren. Das war ein törichtes Verhalten. Wenn ein sowjetischer Botschafter einem Bürger der Sowjetunion nahe legt, unverzüglich nach Hause zurückzukehren, macht dies den Betroffenen argwöhnisch.

Swetlanka kannte sich in dieser Hinsicht mit unseren Gepflogenheiten besonders gut aus. Sie wusste, es bedeutete, dass man ihr nicht traute.

Wie hätte man sich verhalten sollen?

Ich bin überzeugt, wenn man sie anders behandelt hätte, wäre die leidige Geschichte nie passiert: Als Swetlanka in der Botschaft erschien und sagte, sie wolle zwei oder drei Monate in Indien bleiben, hätte man ihr sagen sollen: „Swetlanka Josifowna, warum nur drei Monate? Lassen Sie sich ein Visum für ein Jahr geben oder für zwei oder sogar drei Jahre. Sie können ein Visum bekommen und hier leben. Sie können in die Sowjetunion zurückkehren, wann immer Sie es wünschen."

Wenn man ihr freie Wahl gelassen hätte, würde sie das wieder aufgerichtet haben. Man hätte ihr zeigen sollen, dass man ihr vertraute.

Lösungsweg:

Chruschtschow zeigt selbst auf, wie das Vertrauensproblem hätte gelöst werden können: indem man gegenteilig vorgeht und jemandem, dem man nicht ganz traut, geradezu in besonderem Maße Vertrauensbeweise entgegenbringt (Denkanstöße 1, 209).

53. Die Taktik von Amnesty International

Amnesty International, 1961 über Initiative des damals 39 Jahre alten englischen Rechtsanwaltes Peter Benenson gegründet, bemüht sich weltweit um die Freilassung von politischen Gefangenen und zeigt Menschenrechtsverletzungen auf. 1977 erhielt Amnesty International für seine engagierte Arbeit den Friedensnobelpreis.

Peter Benenson erinnert sich noch sehr genau an jenen Morgen im Jahr 1961, als er in der Zeitung über zwei portugiesische Studenten las, die zu sieben Jahren Haft verurteilt worden waren, weil sie in einem Lissabonner Restaurant auf die Freiheit angestoßen hatten. Aufgewühlt lief der Rechtsanwalt damals stundenlang durch die Straßen von London und sann nach einer Möglichkeit, ihnen zu helfen.

Er erkannte, dass eine einzelne protestierende Stimme ignoriert werden würde. Es mussten viele Menschen mobilisiert werden, um ihre Stimme gegen das Unrecht zu erheben.

Um seine Idee bekannt zu machen, wandte sich Benenson an seinen Freund, den Chefredakteur der britischen Zeitung „Observer" und bat ihn um seine Unterstützung.

Am 28. Mai 1961 erschien im „Oberserver" ein ganzseitiger Artikel unter dem Titel „Die vergessenen Gefangenen", („The Forgotten Prisoners"). In diesem Artikel berichtete Benenson über die Fälle von sechs Gewissensgefangenen und über seine Idee einer weltweiten Kampagne für solche Gefangenen. Die Kampagne sollte den Namen „Appeal for Amnesty, 1961" also „Aufruf zur Amnestie, 1961", tragen.

Der von Benenson verfasste Artikel wurde in der Folge auch von zahlreichen anderen Zeitungen wie etwa „Le Monde", „The New York Herald Tribune" oder „Die Welt" veröffentlicht.

„Der Drang nach Freiheit war stets meine größte Leidenschaft" erklärte Benenson 1999 in einem Interview.

Amnesty International hat keinen direkten Einfluss auf Regierungen durch Geld oder sonstige Machtmittel. Aber die weltweit über 1,100.000 Amnesty-International-Mitglieder in 162 Ländern sind bereit, sich in ihrer Freizeit zu engagieren, den Aufrufen von Amnesty International zu folgen und Postkarten, Briefe, Fernschreiben und Telefaxmitteilungen an die zuständigen Präsidenten, Regierungschefs, Justizminister und Polizeibehörden des betreffenden Landes zu schreiben und mit einer kurzen Begründung um Freilassung des namentlich angeführten Gefangenen zu bitten.

Die betroffenen Regierungen zeigten sich anfangs angesichts der Appelle aus der allgemeinen Öffentlichkeit verwirrt und erschrocken. Mit diesem neuen Gegner wussten sie nicht umzugehen. Hier ging es plötzlich nicht mehr um diplomatisches Geplänkel, sondern um ihr internationales Ansehen, um das sie so bemüht waren. Wenn alle diese Briefschreiber am Schicksal ihrer verfolgten Mitmenschen Anteil nahmen, dann taten das auch Unzählige andere, die keine Briefe schrieben. So ging die Idee Peter Benensons auf – und die ersten Gefangenen gingen frei.

Häufig ist es auch so, dass die geballte Menge der in wenigen Wochen eintreffenden Korrespondenz die normale Verwaltungs- und Regierungsarbeit der betreffenden Behörden derart beeinträchtigt, dass es für die betreffende Regierung das kleinere Übel ist, den Gefangenen freizulassen und wieder Ruhe zu haben.

Unter den Dossiers der ersten Mission in die Tschechoslowakei im Jahre 1962 befand sich auch das des 1936 geborenen Schriftstellers Vaclav Havel, des späteren Staatspräsidenten der Tschechoslowakei (1989–1992) der nun seit 1993 Präsident der Tschechischen Republik ist.

Lösungsweg:

Durch den Einsatz von massenweise verfassten Schriftstücken und laufendes Wiederholen der Zusendungen kann der nicht mögliche Einsatz von Machtmitteln kompensiert werden (Denkanstoß 100).

54. Punkte statt Prozent

Große US-Management-Beratungsfirmen verteilen den Ertrag unter ihren Partnern oft nicht nach Prozenten sondern nach Punkten. So hat zB. ein langjähriger Partner 1000 Punkte und die neu dazugekommenen, am Erfolg beteiligten Partner erhalten anfangs 200 Punkte. Diese Punktezahl wird dann jährlich entsprechend den getroffenen Vereinbarungen angehoben.

Natürlich könnte man dasselbe mit einer Prozentrechnung machen. Das Punktesystem hat jedoch zwei Vorteile:

Wenn ein Partner neu dazukommt oder die Punktezahl bei bisherigen Partnern erhöht wird, muss optisch und psychologisch keiner der bisherigen Partner auch nur einen seiner Punkte abgeben.

Natürlich erhalten alle bisherigen Partner durch die weiter vergebenen Punkte weniger, weil der innere Wert eines Punktes geringer wird. Dies ist aber nicht so unangenehm, wie wenn einer zB. von 3,4456% auf 3,2923 Prozent reduziert wird.

Ein zweiter Vorteil liegt darin, dass das Rechnen mit Punkten, von denen ein Teil gleich bleibt, einfacher ist, als das jeweils neue Ermitteln und Auf- oder Abrunden aller neuen Prozentsätze, wenn auch nur bei einem einzigen Berater eine Änderung stattfindet.

Lösungsweg:

Durch die Hereinnahme einer neuen Bezugsgröße wird die Ertragsbeteiligung und deren Ermittlung sowie deren Änderung erheblich erleichtert (Denkanstoß 202, 347).

55. Die Schwarzfahrt in der U-Bahn

Natürlich darf man auch in der Wiener U-Bahn nicht ohne gültigen Fahrschein, also schwarz, fahren, natürlich weiß das jeder und natürlich tun es manche doch hin und wieder. Vor allem, wenn es um ganz kurze Strecken geht, hofft man, nicht erwischt zu werden.

Eine Tiroler Studentin hat mit vor einiger Zeit mitgeteilt, wie sie in dieser unangenehmen Situation reagierte:

„Als ich neulich in Wien mit der U-Bahn fuhr, schwarz, weil ich mir dachte, für zwei Stationen bräuchte ich keine Karte zu lösen, kam es wie es kommen musste. Auf einmal stiegen bei der nächsten Station zwei Kontrolleure ein.

„Schwarzkappler", werden sie hier in Wien genannt, weil sie auffällige Uniformen mit schwarzen Kappen tragen.

Es wäre viel zu auffällig gewesen, noch schnell aus der U-Bahn zu springen, außerdem habe ich sie erst gesehen, als sie sich genau hinter mich hinstellten, um Block und Schreiber aus der Tasche zu holen und mit der Kontrolle zu beginnen.

Ich hatte weder Lust, die Strafe zu zahlen, noch weniger Lust, meine Daten anzugeben und am wenigsten Lust, mir blöde Ausreden einfallen lassen zu müssen, warum ich ohne Fahrschein mit der U-Bahn fahre.

Zugegeben, ich war drauf und dran mir die besten Ausreden auszudenken, bis mir einige der Kreativitäts-Geschichten einfielen. Immer wieder war das Gegenteil die Lösung zum Problem.

Also hab ich mir gedacht „Angriff ist die beste Verteidigung", habe in meiner Tasche nach dem Wiener Stadtplan gewühlt, ihn ausgepackt, auffällig, so wie es nur ein Fremder tun kann, der in der U-Bahn nach dem Streckenplan sucht, kurz um mich geschaut und äußerst überrascht gespielt, als ich die Kontrollore erblickte. Sie waren noch immer beim Zusammenrichten ihrer Kontrollutensilien. Ich bin schnurstracks auf sie zu.

Mit einem Lächeln der Freude, jemanden zu treffen, der mir sicher die richtige Auskunft geben kann, habe ich, um meine Ortsunkenntnis zu unterstreichen, im schönsten Tiroler Dialekt nach einer Seitengasse der Mariahilfer Straße gefragt, wo ich genau wusste, dass ich beim nächsten Stopp aussteigen musste. Genau dort wollte ich ja auch hin.

Ich ließ mir die Straße zeigen und den Weg genau beschreiben, ließ mir den Weg auf meiner Karte auch noch einzeichnen, fragte noch, welchen U-Bahn Ausgang ich am Besten nehmen sollte und konnte sie so lange hinhalten, bis die U-Bahn in die nächste Station einfuhr, ohne dass sie auch nur daran dachten, mich nach meinem Fahrschein zu fragen.

Nachdem sich die Türen hinter mir geschlossen hatten, fingen die Herren mit der Kontrolle an. Der „Angriff" hat mir Zeit, Peinlichkeit, die mühevolle Suche nach schwindligen Ausreden und genau 517 Schilling erspart."

*

Jetzt hat die Studentin übrigens, wie sie mir mitgeteilt hat, eine Jahreskarte.

Lösungsweg:

Weglaufen wäre die traditionelle Lösung gewesen, hinlaufen das kreative Gegenteil. Dazu die Ablenkung des Gesprächspartners, alles hat dazu geführt, dass die Sache noch einmal gut ausging (Denkanstoß 197).

56. Der abgelenkte Räuber

Ein Ehepaar aus Frankenmarkt in Oberösterreich erlebte in der Dominikanischen Republik einen Albtraum, über den der „Kurier" wie folgt berichtete:

Am Silvesterabend wurden die Urlauber von einem Unbekannten mit einem Holzprügel verletzt und beraubt. Obwohl sie bei der Attacke einen Handbruch erlitt, reagierte die Frau geistesgegenwärtig. Sie ließ einige Geldscheine im Wind davonflattern. Während der Räuber das Geld aufhob, gelang dem Paar die Flucht.

Lösungsweg:

Dadurch, dass die Frau bereits vor der Aufforderung Geld herauszugeben, einige Geldscheine „preisgab" war der Räuber überrascht und abgelenkt (Denkanstoß 265).

57. Die Kritik in der Nazizeit

Der bekannt mutige katholische Bischof von Münster, Clemens August Graf von Galen, wetterte während der Nazizeit in einer Predigt gegen die Jugenderziehung in der Hitlerjugend.

Da störte ein Zwischenrufer: „Wie kann ein Mann, der keine Kinder hat, über Kindererziehung reden?"

Darauf der Bischof: „Eine solch persönliche Kritik am Führer kann ich in meiner Kirche nicht zulassen!"

Hitler hatte bekanntlich keine Kinder, engagierte sich jedoch intensiv in Fragen der Jugenderziehung.

Lösungsweg:

Dadurch, dass die Kritik umgeleitet wird auf jemanden Dritten, auf Hitler, prallte die Kritik vom Bischof ab (Denkanstoß 279).

58. Jetzt geht es nur noch um den Preis

Ein französischer Adeliger traf bei einer Soiree eine sehr schöne, verheiratete Dame der Gesellschaft und sprach sie an: „Madame, würden Sie für 1 Million Franc mit mir schlafen?"

Sie überlegte und meinte dann: „Ja!"

Darauf fragte der Graf: „Wie wäre es dann mit 100 Franc?"

„Aber hören Sie mal, ich bin doch keine Prostituierte!" reagierte die Dame empört.

Worauf der Graf entgegnete: „Madame, ich denke, darüber sind wir uns bereits einig, jetzt geht es nur noch um den Preis!"

Die gleiche Taktik empfiehlt sich manchmal, wenn es um den Verkauf zB. eines Hauses geht und der Verkäufer sagt, er würde auf keinen Fall verkaufen. Die daraufhin gestellte Frage, ob er das Haus, das einen Verkehrswert von zB. 8 Millionen hat, um 100 Millionen verkaufen würde, wird meistens mit „ja" beantwortet. Und damit sind die Preisverhandlungen mit dem bisher völlig unwilligen Verkäufer eröffnet.

Lösungsweg:

Indem ich die Frage stelle, was wäre wenn, werden Barrieren, die sonst unüberbrückbar erscheinen, überwunden und beginnt oft ein Verhandlungsgespräch. Wohl kaum oben beim ersten Beispiel, eher aber beim Hausverkauf (Denkanstoß 187).

59. Die Eitelkeit des Abteilungsleiters

Welche Bedeutung die Eitelkeit für einzelne Menschen hat, berichtete Wolf Ruede-Wissmann in seinem Buch über Verhandlungskunst.

Er zeigt auf, wie sich die Zusammenarbeit innerhalb einer Bau-Arbeitsgemeinschaft (ARGE) zweier Firmen schwierig gestaltete. Dabei waren mehrere schlüsselfertige Bauten zu erstellen:

Vor allem die Abrechnungen innerhalb der ARGE gestalteten sich deshalb als außerordentlich schwierig, weil es einen 35 Jahre alten, entscheidungsbefugten Abteilungsleiter der anderen Firma gab, der nahezu alle Abrechnungsvorschläge torpedierte und blockierte.

Er war ein ungenießbarer Zeitgenosse, kleinlich, pedantisch, rechthaberisch, stets auf Prestige bedacht, und alles musste ihm erst vorgelegt werden. Unsere internen Verhandlungen hatten sich fest gefahren, es drohte ein Streit zwischen den beiden Firmen.

Ich trug diese Situation meinem Geschäftsführer vor, schilderte kurz den Sachverhalt und gab eine Charakterbeschreibung des Abteilungsleiters. Unser Geschäftsführer war ein ruhiger, freundlicher „Herr um die 60" – im positiven Sinne: eine Vaterfigur.

Nachdem ich unseren Verhandlungsspielraum aufgezeigt hatte, wurde absprachegemäß der Abteilungsleiter „mit viel Tamtam" zu einem Gespräch unter vier Augen eingeladen.

Beim Empfang: „Oh, Herr Müller, nett, Sie einmal kennen zu lernen. Sie werden bereits von Herrn Dr. Schubert erwartet. Ich darf Sie gleich zu ihm begleiten", also keine übliche Wartezeit.

Chef laut zur Sekretärin: „Frau Lehmann, bitte in den nächsten Stunden keine Störung, keine Gespräche durchstellen, wir möchten ungestört sein! Ach, äh', Frau Lehmann, Herr Dr. Wegener soll sich solange um die russische Handelsdelegation kümmern!"

Der Chef verstand es ausgezeichnet, der Eitelkeit des Abteilungsleiters zu schmeicheln und mit ihm nun von Mensch zu Mensch zu reden.

Am Ende des Gespräches ließ er mich rufen und empfing mich im Beisein des Abteilungsleiters mit den salbungsvollen Worten: „Wir haben Herrn Müller sehr zu danken. Er hat sich kooperativ und außerordentlich problemlösungsorientiert bereit erklärt ...!" usw. Der Fall war „gelaufen". Zu unseren Gunsten.

Lösungsweg:

Dadurch, dass der Geschäftsführer aus Erfahrung wusste, wie er der Eitelkeit seines Verhandlungspartners schmeicheln konnte, gelang es ihm, diesen so wichtig zu machen, dass dieser in der Sache selbst nachgeben konnte (Denkanstoß 10, 221).

60. Das Verbrennen des Streitgegenstandes

Reiner Ponschab und Adrian Schweizer beschreiben in ihrem Buch über neue Wege anwaltlichen Verhandelns, wie nordamerikanische Indianer in New Mexico mit Streitigkeiten umgingen:

„In einem indianischen Dorf in der Nähe von Santa Fe waren zwei Familien über eine Kleinigkeit in Streit geraten. Man sprach kein Wort mehr miteinander, beschimpfte und bespuckte sich stattdessen nur noch. Dieser Zustand war auf Dauer nicht erträglich, und deshalb beschlossen die beiden Familienältesten, ein Friedensritual durchzuführen:

Die Familien trafen sich mit ihren Freunden an einer heiligen Stätte außerhalb des Dorfes. Gemeinsam suchten sie dann, ohne ein Wort zu sprechen, Holz und entzündeten ein großes Feuer. Alle setzten sich um dieses Feuer. Niemand durfte sprechen.

Die einzige Tätigkeit, die erlaubt war, war Holz nachzulegen und ins Feuer zu schauen. Nach vier Tagen und Nächten fielen sich die Familien in die Arme und gingen nach Hause."

Die Idee der Indianer ist, dass gemeinsames Tun die Menschen verbindet, dass das Feuer die Seelen reinigt und gewissermaßen den „Streitgegenstand" verbrennt.

Lösungsweg:

Dadurch, dass man gemeinsam etwas Besonderes machte, wurden die Konflikte durch eigenes Nachdenken der Beteiligten schließlich so reduziert, dass sie nicht mehr wichtig waren (Denkanstöße 173, 287, 288).

61. Die Terroristin

Auch Österreich hatte fallweise mit Terroristen zu tun. Eine deutsche Terroristin wurde wegen eines Banküberfalls verurteilt und hatte eine zwölfeinhalb Jahre lange Gefängnisstrafe in Wien abzusitzen.

Eines Tages beschloss sie, in Hungerstreik zu treten. Sie fühlte sich nämlich als politische Gefangene.

Von der Gefängnisverwaltung wurde der Hungerstreik den Medien nicht bekannt gegeben.

Man verlegte vielmehr einen anderen wohlgenährten weiblichen Häftling in die gleiche Zelle und tischte dort täglich 3 mal die erlesensten Speisen auf.

Während sich der zweite weibliche Häftling jeweils mit großem Genuss dem Essen widmete, bemühte sich die Terroristin weiterhin, Hungerstreik zu machen. Nach acht Tagen gab sie den Hungerstreik auf. Erst dann wurde die Presse informiert.

Lösungsweg:

Statt der früher in Deutschland üblichen großen Berichterstattung über alles, was mit Terroristen zusammenhängt, wurde hier das Gegenteil gewählt, nämlich keine Berichterstattung in den Medien. Das Problem wurde letztlich dadurch beschleunigt gelöst, dass eine andere Person beigezogen und „gegenteilig" betreut wurde (Denkanstoß 1).

62. Der Gartenzaun

Die Geschichte ist bekannt. Mark Twain schildert in seinem Buch „Tom Sawyer", wie dieser strafweise am Samstag nachmittag zu Hause bleiben muss, um den Zaun zu streichen, während alle seine Freunde frei haben und schwimmen gehen.

Wie kann Tom dieser Schande entgehen? Er tut es dadurch, dass er seinen hänselnden Freunden die Situation von Grund auf umdeutet, indem er das Streichen des Zaunes als ungewöhnliches, höchst erwünschtes Privileg hinstellt. Zunächst erntet er Skepsis: „Na, du willst mir doch nicht weismachen, dass du's zum Vergnügen tust?"

Tom streicht weiter und bemerkt schließlich nonchalant: „Zum Vergnügen? Na, ich seh' nicht ein, warum nicht. Kann unsereiner denn alle Tage einen Zaun anstreichen?" Darauf Stille – und dann sagt der erste Junge: „Du, Tom, lass mich ein bisschen streichen!"

Am Abend ist der Zaun dreimal gestrichen, und Tom schwimmt im Reichtum. Ein Junge nach dem anderen hat sich von ihm das Privileg erkauft, einen Teil des Zaunes anstreichen zu dürfen.

Lösungsweg:

Tom kam durch das Gegenteil zum Erfolg. Er jammerte nicht über sein Los, sondern deutete die Situation um und machte aus dem Nachteil einen Vorteil (Denkanstoß 4, 41, 375).

63. Vier in einem Jeep

Gegen Ende des Zweiten Weltkrieges, Anfang Mai 1945, rückten amerikanische, britische und französische Truppen in das westliche Österreich und sowjetische Truppen im Osten Österreichs ein.

Zur amerikanischen Zone gehörten Salzburg und Oberösterreich südlich der Donau, zur britischen Zone Steiermark, Kärnten und Osttirol, zur französischen Zone Nordtirol und Vorarlberg und zur sowjetischen Zone Burgenland, Niederösterreich und Oberösterreich nördlich der Donau.

Die Wiener Bezirke 2–21 wurden von den Besatzungsmächten in vier Sektoren eingeteilt. Der 1. Wiener Bezirk, also die Innenstadt wurde von allen 4 Besatzungsmächten monatlich abwechselnd besetzt und verwaltet.

Durch den monatlichen Wechsel der Besatzungsmacht konnte verhindert werden, dass eine der vier Mächte die unumschränkte Macht im 1. Bezirk, also im Zentrum Wiens auf Dauer erhält.

Der monatliche Wechsel verringerte so den Einfluss der jeweils zuständigen Besatzungsmacht.

Nach außen wurde dieser Wechsel dadurch für alle erkennbar dokumentiert, dass bei den Kontrollfahrten durch den 1. Bezirk je ein Vertreter der 4 Besatzungsmächte im Jeep mitfuhr und der Repräsentant der in diesem Monat zuständigen Macht vorne neben dem Fahrer saß.

Durch die zeitliche Aufteilung des Einflusses konnte eine zwar ungewöhnliche Regelung gefunden werden, offensichtlich waren aber alle Beteiligten bis zum Abschluss des Staatsvertrages (15. Mai 1955) damit zufrieden.

Lösungsweg:

Durch zeitliche Aufteilung des Einflusses wurde eine kreative Lösung für ein Problem gefunden, das in anderen Ländern erheblich schwieriger gelöst werden musste (Denkanstoß 63).

IV. Beispiele für Kreativität in der Wirtschaft, in der Politik, in der Werbung, in der Rhetorik, in der Freizeit und im Alltag

Auch die Hinweise zu den Beispielen für Kreativität bei Verhandlungen im Abschnitt III., gelten sinngemäß für die hier folgenden Beispiele.

Auch aus den folgenden Beispielen für Kreativität in der Wirtschaft, in der Politik, in der Werbung, in der Rhetorik, in der Freizeit und im Alltag lassen sich viele Anregungen für eigenes kreatives Verhalten entnehmen.

Am meisten haben Sie von den Beispielen, wenn Sie sich nach jedem Beispiel überlegen, für welches Problem eine Lösung gesucht wird und was an der gefundenen Lösung kreativ war.

Diese Analyse hilft Ihnen zu üben und erleichtert es auch, Situationen und Betrachtungen im Alltag mit dem Aspekt der Kreativität zu analysieren und davon zu profitieren.

64. Die Feuersbrunst auf der Insel

Stellen Sie sich die folgende Situation vor:

Sie sind allein auf einer lang gezogenen Insel. Auf der Ostseite der Insel bricht ein Feuer aus. Zu dieser Jahreszeit weht der Wind bekanntermaßen monatelang von Ost nach West. Wenn nichts geschieht, werden Sie in zwei Wochen verbrannt sein, weil sich dann das Feuer über die ganze Insel ausgebreitet haben wird.

Sie können nicht schwimmen, können sich nicht eingraben, auch ein Rettungsboot ist nicht vorhanden. Was können Sie tun, um nicht zu verbrennen?

Sie nehmen sich mit einigen Zweigen Feuer vom brennenden Ostteil der Insel und zünden damit ein neues Feuer an, etwa ein Drittel vom Westende der Insel entfernt. Das neu gelegte Feuer im Westteil wird, durch den Wind begünstigt, bis zum westlichen Ende der Insel alles niederbrennen.

Sobald der Westteil der Insel abgebrannt ist, können Sie sich beruhigt in den Westteil retten, da das vom Osten kommende Feuer auf dem bereits verbrannten Westteil keine Nahrung mehr findet.

Lösungsweg:

Dies ist ein fast klassisches Beispiel für die Wirksamkeit der Anwendung des Gegenteils. Üblicherweise versucht man, ein Feuer zu löschen. Das Gegenteil davon würde heißen, dass man ein Feuer anzündet. Und beim Überprüfen, ob Anzünden hier der richtige Weg ist, kann mit einiger Kombinationsgabe fast unvermeidbar die richtige Lösung gefunden werden (Denkanstoß 1).

65. Lebensunwertes Leben

Kardinal Clemens August Graf von Galen, der Bischof von Münster, war einer der wenigen, die den Mut hatten, öffentlich in Predigten gegen das NS-Regime aufzutreten.

Von seinen Predigten in der Lambertikirche zu Münster ist vor allem die vom 3. August 1941 in die Geschichte eingegangen. Er führte aus, dass der Kriegsgegner versuche, die Städte zu zerstören und dass die Volksgemeinschaft zusammenhalten müsse. Nun habe er gehört, dass Kranke nach dem Gutachten einer Kommission lebensunwerte, unproduktive Volksgenossen seien:

„Wenn man die unproduktiven Menschen töten darf, dann wehe den Invaliden, die im Produktionsprozess ihre Kraft, ihre gesunden Knochen eingesetzt, geopfert und eingebüßt haben!

Wenn man die unproduktiven Mitmenschen gewaltsam beseitigen darf, dann wehe unseren braven Soldaten, die als Schwerkriegsverletzte, als Krüppel, als Invaliden in die Heimat zurückkehren!

Wenn einmal zugegeben wird, dass Menschen das Recht haben, „unproduktive“ Mitmenschen zu töten – und wenn es jetzt zunächst auch nur arme, wehrlose Geisteskranke trifft –, dann ist grundsätzlich der Mord an allen unproduktiven Menschen, also an den unheilbar Kranken, den Invaliden der Arbeit und des Krieges, dann ist der Mord an uns allen, wenn wir alt und altersschwach und damit unproduktiv werden, freigegeben.“

Lösungsweg:

Der Bischof verlagerte das Problem von den Geisteskranken auf die Gesamtheit der Bevölkerung und zeigte auf, was jedem einzelnen droht, wenn diese Politik des NS-Regimes nicht bekämpft wird. Er erweiterte das Problem so, dass sich alle Menschen als persönlich Betroffene fühlen mussten. Der Erfolg seiner Reden war so stark, dass das NS-Euthanasieprogramm bald danach eingestellt werden musste (Denkanstoß 180).

66. Ihre Frau ist also nur 10 cm groß

Aus Spanien wird folgende Geschichte erzählt:

Pablo Picasso wurde eines Tages während einer Zugfahrt in Nordspanien von einem Reisenden angesprochen, der sich darüber aufregte, dass seine kubistischen Frauenbilder so wenig mit der Wirklichkeit zu tun hätten.

„Wie würden Sie denn Ihre Frau zeichnen?" fragte der weltberühmte Maler amüsiert.

„Ich würde meine Frau genau so wiedergeben, wie ich sie sehe!" antwortete der Reisende nach einigem Überlegen.

„Genau das habe ich auch gemacht", erwiderte Picasso.

„Aber Meister, Sie wollen doch nicht behaupten, dass Ihre Frau zwei Gesichter und vier Augen hat!" erwiderte der Mann erstaunt.

„Doch, genau das habe ich gesehen. Wie sehen Sie denn Ihre Frau?"

Der Reisende griff in sein Portefeuille und holte eine Fotografie seiner Frau heraus und hielt sie Picasso unter die Augen:

„Meister, genau so würde ich sie zeichnen, wenn ich zeichnen könnte, denn genau so sieht sie aus!"

„Tatsächlich," antwortete Picasso, „Ihre Frau ist also in Wirklichkeit nur 10 cm groß?"

Lösungsweg:

Dadurch, dass eine skurrile Schlussfolgerung gezogen wird, bekommt die Argumentation Picassos ein ganz anderes Gewicht (Denkanstöße 42, 59, 128, 279, 281, 347).

67. Die Wahrheitskommission in Südafrika

Wie werden Verbrechen aus einer vergangenen Geschichtsperiode aufgearbeitet?

Viele Versuche hat es in den letzten Jahrzehnten gegeben, die Nürnberger Kriegsverbrecherprozesse, das Haager Tribunal für die Verbrechen im ehemaligen Jugoslawien, das internationale Strafgericht zur Untersuchung des Völkermordes in Ruanda mit dem Sitz in Arusha oder die jetzt zugelassenen Strafverfahren gegen Pinochet Ugarte in Chile.

Einen neuen Weg beschritt man 1996 in Südafrika mit der Einrichtung der so genannten „Wahrheits- und Versöhnungskommission".

Die südafrikanische Regierung hatte sie ins Leben gerufen, um die Verbrechen der Apartheid-Ära zu behandeln.

Das Gesetz formulierte drei Bedingungen:

1. Die Tatsache schwerer Menschenrechtsverletzungen musste durch eine offizielle Untersuchung festgestellt werden.
2. Es müssen die festgestellten Verletzungen von Menschenrechten ohne Vorbehalt von denjenigen anerkannt werden, die dazu den Auftrag erteilt haben.
3. Es müssen der Tatbestand von Menschenrechtsverletzungen sowie die Identität der Auftraggeber oder Täter und der Opfer öffentlich gemacht werden. Erst dann konnte eine Amnestie erreicht werden.

Die Idee, eine Kommission zu bilden, die für das Eingeständnis von Schuld im Rahmen der Apartheid-Herrschaft, für die Offenlegung der Wahrheit und für ernst gemeinte Reue Amnestie anbietet, ist im In- und Ausland vielfach als bisher einmaliges bewundernswertes Projekt geschätzt worden.

Der Vorsitzende der Kommission, der anglikanische Erzbischof Tutu legte die christliche Vorstellung von der Versöhnung des Menschen mit Gott zu Grunde, die alle Menschen zu Botschaftern dieser Versöhnung macht.

Prof. Mahmood Mamdani von der Universität Kapstadt forderte eine Überlebendenjustiz, die auf gegenseitigem Mitgefühl und Verständnis beruht und das weitere Zusammenleben von Opfern, Tätern und Nutznießern ermöglicht.

Piet Meiring, Mitglied der Wahrheitskommission erklärte, dass es für alle Beteiligten dramatische und qualvolle Erfahrungen waren. Alte Wunden würden nach über 30 Jahren wieder aufgerissen, viele der Mitarbeiter und Mitarbeiterinnen konnten nachts nicht schlafen, Medienleute weinten.

Tatsächlich sind viel mehr Amnestiegesuche eingegangen als erwartet. Statt einigen 100 waren es 7.048 Gesuche.

Die öffentlichen Anhörungen begannen am 15. April 1996 und wurden am 31. Juli 1998 abgeschlossen. Erzbischof Tutu wies darauf hin, dass die Untersuchungen und die Anhörungen zur Aufdeckung einiger der schlimmsten Verbrechen aus der Zeit der Apartheid beigetragen hätten.

Einzelne Personen, die damals von den Untersuchungsbehörden bewusst in irreführender Absicht der entsprechenden Taten beschuldigt und dann auch von den Gerichten verurteilt worden waren, konnten rehabilitiert werden, weil die wirklichen Täter nun bekannt geworden sind.

Erzbischof Tutu sprach aber auch davon, dass für ihn die größte Überraschung im Verlauf der Untersuchung gewesen sei, dass über 80% der Opfer und deren Angehörige trotz des erlittenen, oft vielfach zum ersten

Mal in allen Details offen gelegten Unrechtes, zu einem Akt der Versöhnung bereit gewesen seien.

22.000 Menschen berichteten bis Mitte 1998 von Menschenrechtsverletzungen, die ihnen angetan wurden.

Im November 1998 wurde das fünfbändige Werk der Wahrheits- und Versöhnungskommission vorgelegt, das um 750 Rand, rund 1.800 Schilling in südafrikanischen Buchhandlungen gekauft und im Internet eingesehen werden kann.

Alle leidvollen Berichte sind im dritten Band enthalten. Trotz aller Kritik am Wahrheitsgehalt der Geständnisse wurden viele Verbrechen aufgeklärt. „Etwa 70% der Wahrheit kamen ans Tageslicht“ erklärte Piet Meiring.

Lösungsweg:

Dadurch, dass das Gegenteil gemacht wurde, dass also statt Strafe Vergebung gewährt wurde, konnten die Ziele der Wahrheitskommission erreicht werden: Die Aufklärung von Verbrechen und das Schaffen einer Grundlage für das weitere Zusammenleben der Menschen nach der Zeit der Apartheid (Denkanstoß 1).

68. Die Präsentation für British Rail

Den Kunden immer mit etwas Unerwartetem überraschen, lautet die Devise von Beatrix Kerbler, der Saatchi & Saatchi-Österreich-Chefin.

Sie lehnt glatte, durchgestylte Kunden-Präsentationen grundsätzlich ab, ohne Emotionen gehe dabei gar nichts: Die Londoner Agentur hatte eine Präsentation für die Eisenbahn British Rail.

Die Kunden kamen und wurden in ein kleines Zimmer geführt, die Sessel waren schmutzig, es war kalt. Als sie sich aufregen wollten, kamen die Mitarbeiter des Werbeunternehmens hinein und sagten: „Genau so geht es Ihren Kunden.“

Saatchi & Saatchi bekam den Auftrag.

Lösungsweg:

Die Agentur hat die Mitarbeiter von British Rail hart und deutlich die Situation in deren Zügen erleben lassen. Sicher auch dadurch, dass die Agentur dem potenziellen Kunden die Realität in den Zügen vor Augen gehalten hat, hat sie den Auftrag erhalten (Denkanstoß 263).

69. Die Bank für Lebensmittel

Für jeden ist es beklemmend zu lesen, dass irgendwo in der Welt wieder Überschüsse an Lebensmitteln vernichtet werden mussten, während anderswo Menschen an Hunger starben.

In Mexico-City hat man nun einen Ausweg gefunden. Mit großem Erfolg arbeitet dort seit 1994 eine „Bank für Lebensmittel" gegen den Hunger.

500 Lebensmittelanbieter liefern regelmäßig ihre Überschüsse unentgeltlich an diese „Bank". Dort können Organisationen zum Schutz von Straßenkindern, Waisenhäuser, Altersheime und Zusammenschlüsse von Familien Lebensmittel gegen Entrichtung einer geringen Gebühr abholen.

Die Verwendung der Lebensmittel wird von den ehrenamtlichen Initiatoren der Bank streng kontrolliert, um einen Weiterverkauf zu verhindern.

Nach Angabe der Initiatoren profitieren wöchentlich rund 40.000 Menschen von dieser Bank.

Lösungsweg:

Die Lösung liegt in einer Kombination von verschenken und billiger abgeben. Das Verschenken an den Endverbraucher hätte das Marktgefüge zerstört, das kontrollierte, stark verbilligte Abgeben durch die „Bank für Lebensmittel" kam denen zugute, die sich diese Lebensmittel sonst nicht leisten hätten können (Denkanstoß 325).

70. Der originelle Autostopper

Auf der Autobahn von München nach Süden stand an einer Ausfahrt ein Autostopper mit einem Schild „Köln".

Ein Autofahrer hielt an, um den Autostopper aufzuklären, dass er auf der falschen Fahrbahnseite stand. Doch der Autostopper informierte ihn, dass er nur bis Kufstein wolle.

Dem überraschten Autofahrer teilte er mit, dass immer jemand stehen blieb, um ihn darauf aufmerksam zu machen, dass er auf der falschen Fahrbahn stünde, und ihn dann trotzdem fast immer mitnähme.

Das tat auch der Autofahrer, offensichtlich beeindruckt von der Originalität, mit der der Stopper zu seinem Transport kam.

Der Autostopper zeigte ihm dann im Auto noch die Rückseite des Schildes mit der Aufschrift „Bozen": diese Seite war für die Rückreise von Kufstein nach München.

Lösungsweg:

Der Autostopper machte das „Falsche“, also das Gegenteil, indem er durch sein „Köln“-Schild genau den Ort zu seinem Ziel erklärte, zu dem er sicher nicht wollte – und hatte damit Erfolg (Denkanstoß 1).

71. Die natürlichen Wege

Auf einer großen Baufläche wurden mehrere Büro- und Wohngebäude errichtet.

Der Architekt gab Weisung, zwischen den Gebäuden noch keine Wege anzubringen, sondern überall Rasen einzusäen.

Nach einigen Monaten war der Rasen von Wegen durchzogen, einige sehr schmal, andere breiter, manche waren ganz gerade, andere hatten Kurven.

Nachdem durch die quasi natürlich entstandenen Wege die Bedürfnisse der Benützer klar erkennbar waren, ließ der Architekt die so entstandenen Wege in der entsprechenden Breite pflastern.

Lösungsweg:

Der Architekt hat dadurch, dass er keine Wege „angelegt“ hat, dass er also gar nichts gemacht hat, die optimale Lösung ermöglicht (Denkanstoß 49, 56).

72. Die Antrittsrede des Gerichtspräsidenten

Als im Jänner 1974 der neue Präsident der Oberlandesgerichtes Innsbruck, Dr. Karl Kohlegger, sein Amt antrat, wurde allgemein vermutet, dass er mit seinem direkten Vorgänger, Dr. H., nicht im besonderen Einvernehmen stand.

In der in der Zeitung zitierten Passage aus dem Grundsatzreferat des neuen Präsidenten scheint dies auch etwas mitzuklingen, ohne dass sich dadurch jemand hätte beleidigt fühlen können.

So führte der neue Präsident unter anderem aus:

„Ich darf mich bei den früheren OLG-Präsidenten Dr. Widmann und Dr. Penz für Hilfe und Förderung bedanken; desgleichen bei Dr. H., dessen starke Persönlichkeit bei mir den unbeugsamen Willen weckte, die eigene Persönlichkeit zu bewahren und zu entfalten.“

Lösungsweg:

Der offensichtliche Wunsch des neuen Präsidenten, den früheren Präsidenten zu danken, aber nicht unbedingt dem Dr. H., wobei er diesen auch nicht durch Weglassen brüskieren wollte, wurde durch Einbringen eines neuen Kriteriums gelöst. Der neue Präsident brachte in seiner Rede die Entfaltung der „eigenen Persönlichkeit", also einen Gesichtspunkt hinein, der direkt gar nichts mit der Situation zu tun hatte. Damit wurde elegant verschlüsselt ausgedrückt, was er sagen wollte (Denkanstoß 24).

73. Die Sorgenschachtel

Wenn jemand berufliche oder persönliche Probleme hat, hat er meistens das Bedürfnis, diese möglichst schnell wieder zu vergessen, wenn sie vorbei sind.

Einen anderen Weg beschritt jemand, der jede seiner Sorgen auf einem kleinen Zettel notierte und diesen Zettel sodann in eine eigens dafür angelegte „Sorgenschachtel" legte.

Jeder Zettel trug das Datum, wann diese Sorge als besonders belastend empfunden und deshalb aufgeschrieben wurde.

Als sich der Betroffene nach einiger Zeit die in der Schachtel liegenden Zettel ansah, merkte er, wie im Rückblick fast alle Sorgen, die er sich seinerzeit gemacht hatte, unbegründet waren, und bekam so mehr Selbstsicherheit.

Es gelang ihm, in Zukunft von den großen und kleinen Sorgen des Lebens weniger bedrückt zu sein. Immer, wenn ihn etwas sehr belastete, konnte er anlässlich des Einlegens des neuen Sorgen-Zettels Inventur über die bisher notierten Sorgen machen.

So kam er zur Überzeugung, dass auch die augenblickliche Sorge letztlich nicht so gravierend sein würde, wie sie gerade empfunden wurde.

Lösungsweg:

Üblicherweise versucht man, Sorgen möglichst schnell zu vergessen. Der hier beschrittene Weg des Gegenteils führt dazu, dass die Sorge, wenn sie überwunden ist, immer wieder in Erinnerung kommt. Dadurch kommt aber auch die Erkenntnis, dass man sich so oft unnütze Sorgen gemacht hat, wodurch insgesamt eine Erleichterung eintritt (Denkanstöße 1, 32).

74. Die Suche nach neuen Facharbeitern

Neue Wege beschritten die Jenbacher Energiesysteme, weltweit der führende Hersteller für Blockheizkraftwerke, bei der Suche der für 1999 benötigten zusätzlichen 100 Facharbeiter.

Alles hat der Jenbacher Chef Dipl.-Ing. Siegmar Gerhartz schon versucht, um genügend Facharbeiter zu bekommen. Er schaltete Inserate in Zeitungen, köderte Arbeiter aus dem Osten Deutschlands nach Tirol, schickte Personalberater auf die Suche. Aber nichts funktionierte so gut, wie das in der Not erfundene „Kopfgeldsystem“: Jeder Mitarbeiter bekommt Schilling 3.000 auf die Hand, wenn er einen neuen Facharbeiter anwirbt.

1999 hat Gerhartz 20 Stellen innerhalb von zwei Wochen besetzt. Er denkt bereits an eine Neuauflage der Aktion, weil ein kräftiger Expansionsschub bevorsteht, der nur mit einer Personalaufstockung bewältigt werden kann.

Die Qualität der auf diese Weise gefundenen Fachkräfte sei, so betonte Gerhartz, erstaunlich gut.

Lösungsweg:

In Abkehr von Zeitungsannoncen, Headhuntern, etc. machte der Vorstandsvorsitzende sein Problem zum Problem der Mitarbeiter und belohnte ihren Erfolg noch mit einer Prämie (Denkanstoß 3).

75. Die verrückte Versicherung

Im Jahr 1993 wurde Florida von besonders heftigen Hurrikans heimgesucht. Die für Amerika typischen filigranen Häuser wurden wie Spielzeuge durch die Luft gewirbelt.

Die Versicherungen zahlten widerwillig und taten im Übrigen was amerikanische Versicherungen in diesem Fall meistens tun: Die Verträge kündigen und die Prämien für die neue Polizze hinaufsetzen.

Die „State Farm“ Versicherung tat allerdings etwas ganz anderes:

Sie teilte den verblüfften Kunden in Florida mit, dass sie mehr auszahlen würde als nach den Geschäftsbedingungen vereinbart – vorausgesetzt, die neuen Häuser würden in stabilerer Bauweise errichtet werden.

Viele der Geschädigten weinten vor Freude, die Kunden der Konkurrenz liefen in Scharen zur State Farm über und die Fernsehstationen in ganz Amerika berichteten ausgiebig über die verrückte Versicherung.

Die Aktion passte haargenau ins Konzept der State Farm, die mehr als 20% der US-Haushalte versichert, 150.000 Mitarbeiter beschäftigt und trotz der eher günstigen Prämien rund 250 Milliarden Schilling Reserven hat.

Die Versicherung wurde von der Zeitschrift Fortune zur „most successful corporation of the service industry", also zum erfolgreichsten Unternehmen im Dienstleistungsgewerbe gekürt.

Die Erfolge der Versicherung beruhen auf einem sensationell loyalen Kundenstock, der von loyalen erfahrenen Mitarbeitern gepflegt wird. Über 95% der Kunden bleiben der State Farm treu.

Der Chef einer Unternehmensberatungsfirma, Frederick Reichheld, zeigt hinsichtlich der Loyalität von Kunden auf, dass es zwei Möglichkeiten gibt: „Die einen halten die Leistungen einer Firma für wertvoller als jene der Konkurrenz. Die Stärken dieser Firma decken sich einfach perfekt mit den Bedürfnissen dieser Kunden. Die anderen laufen sofort zum Konkurrenten über, sobald 2% Rabatt geboten werden. Loyale Kunden lassen sich nicht einmal durch 20% Rabatt abspenstig machen."

Lösungsweg:

Die Versicherung hat das Gegenteil von dem getan was üblich ist: Sie hat nicht versucht, weniger zu zahlen, sondern angeboten, mehr zu zahlen. Dass sie dieses „mehr" an stabilere wieder aufzubauende Häuser gebunden hatte, liegt letztlich auch wieder im Interesse des Kunden (Denkanstoß 363).

76. Der Gordische Knoten

Als Gordischer Knoten wurde der kunstvoll verschlungene Knoten in einem Tempel der kleinasiatischen Stadt Gordion bezeichnet.

Gordius, der König von Phrygien, hatte mit diesem Knoten das Joch an die Deichsel seines Streitwagens gebunden.

Eine Wahrsagung verhieß dem die Herrschaft über Asien, der den Gordischen Knoten lösen könne. Viele versuchten den Knoten aufzulösen.

Alexander der Große zerhieb 334 v. Chr. den Gordischen Knoten mit dem Schwert und konnte damit das gestellte Problem lösen.

Lösungsweg:

Alexander der Große versuchte nicht, wie offensichtlich alle vor ihm, den Knoten aufzuknüpfen, sondern er löste ihn durch Zerschneiden. Er übertrug damit eine Situation aus dem Alltagsleben auf das gestellte Problem, denn auch im Alltag wird man sich kaum endlos mit einem verworrenen Knoten befassen, sondern ihn eher aufschneiden (Denkanstoß 193).

77. Wahlkampf

Vor vielen Jahren erschienen im Rahmen der Landtagswahlen in Hessen die beiden folgenden Inserate in der „Frankfurter Rundschau"

Alfred Dregger, CDU
ist einfallsreich, standfest u. geradlinig
Er meint, was er sagt.
Bei ihm sind Ihre Sorgen
gut aufgehoben.
Alfred Dregger ist der bessere
Ministerpräsident für Hessen.
Wählt ihn, wählt CDU — Liste 1
● CDU HESSEN ●

Bei Alfred Dregger
— CDU —
sind unsere Sorgen m. E. nicht gut
aufgehoben. Er ist der schlechtere
Ministerpräsident für Hessen.
Wählt ihn nicht!
Rudolf Steins, Bad Homburg

Lösungsweg:

Hier wurde vom zweiten Inserenten bewusst das Gegenteil erklärt. Indem er für seine Aussage ebenfalls den Weg des Inserats wählt, wird sie noch drastischer (Denkanstoß 1).

78. Gandhi

Einer der Höhepunkte der Strategie der Gewaltlosigkeit von Mahatma Gandhi (1869–1948), war der so genannte Salzmarsch. Die Engländer hielten in Indien das Monopol der Salzherstellung in ihren Händen. Und das in einem Land, das zum großen Teil von Salzwasser umgeben war und in dem die Hitze das Salz zu einem lebensnotwendigen Produkt machte.

Jedesmal, wenn ein Inder Salz kaufte, zahlte er auch eine Steuer an die britischen Kolonialherren.

Gandhi erkannte das so genannte Salzgesetz nicht an. Er wollte das Gesetz demonstrativ missachten und den britischen wirtschaftlichen Interessen die Stirne bieten.

Mit dem Wissen um dramatische Wirkungen brach er am 12. März 1930 zum knapp 400 Kilometer langen Salzmarsch bis zum Meer auf. Es war ein Fußmarsch, dem sich täglich zusätzliche Teilnehmer anschlossen, sodass die Schar von ursprünglich 78 Leuten am Ende auf mehrere Tausend gewachsen war.

Von Tag zu Tag stieg die Spannung und Begeisterung der Marschierer, die Zeitungen des In- und Auslandes brachten täglich ausführliche Berichte.

Am 6. April 1930 war es dann so weit: Gandhi hob eine Hand voll Salz am Meeresstrand auf und brach damit das Gesetz. Denn das Salz durfte man nur aus den monopolisierten Regierungsläden beziehen. Das Bild von Gandhi, der das Salz vom Strand von Dandi aufhob, ging um die ganze Welt.
Der Marsch und die symbolische Geste schlugen ganz Indien in Bann. Plötzlich wollte jeder Salz machen, und die Kampagne zivilen Ungehorsams breitete sich immer mehr aus. Bald begannen die Massenverhaftungen, die Gefängnisse waren überfüllt.

Wegen der Übertretung des Salzgesetzes wurden 60.000 Inder verhaftet. Trotzdem war der Salzmarsch ein wichtiger Schritt auf dem Wege zur Unabhängigkeit, die Indien im Jahre 1947 erhielt.

Lösungsweg:

Durch Gewaltlosigkeit, also dem Gegenteil der Gewalt, die bei vielen Freiheitskämpfen im Vordergrund steht, ist es Gandhi gelungen, bei der Auseinandersetzung mit der englischen Besatzungsmacht in Indien viel mehr Einfluss auszuüben, als er durch kriegerische Auseinandersetzungen hätte erhalten können (Denkanstoß 1).

79. Fernsehduell mit Wette

Im Rahmen der Landtagswahlen in Niederösterreich fand im Juni 1974 eine Fernsehdiskussion zwischen Andreas Maurer (ÖVP) und Hans Czettel (SPÖ) statt. Es ging um die für den Wahlkampf aufgewandten Millionenbeträge:

Als Czettel die ÖVP verdächtigte, rund 30 Millionen Schilling in den Wahlkampf gebuttert zu haben, wurde Maurer lebhaft. Die ÖVP, sagte er, sei bereit, bei einem Notar ihre gesamten Wahlausgaben vorzulegen und prüfen zu lassen. Die SPÖ aber solle jene Summe, die dann auf die 30 Millionen Schilling fehle, dem Roten Kreuz überweisen.

Czettel wand sich: „Vielleicht sind's nur 27 Millionen Schilling", es bleibe jedenfalls gegenüber den 10 Wahlkampfmillionen der SPÖ ein erdrückendes Übergewicht. Maurer streckte abermals die Hand hin: „Gilt auch bei 27 Millionen!"

Leider schritt dann der Diskussionsleiter Kurt Bergmann ein und beendete diese Wett-Auseinandersetzung mit einem Lob darüber, dass es fein sei, dass offenbar beide Großparteien bereit seien, ihre Wahlkampfausgaben in Niederösterreich offen zu legen.

Lösungsweg:

Bei politischen Diskussionen ergibt sich fallweise das Problem, dass unrichtige Behauptungen sanktionslos in einer Fernsehdiskussion aufgestellt werden. Dabei ist es ohne große Bedeutung, dass sich nachträglich oft deren Unwahrheit herausstellt, weil die Diskussion dann schon vorbei und das öffentliche Interesse erloschen ist. Dadurch, dass Maurer bei obiger Diskussion plötzlich eine Wette ins Spiel brachte, wäre die Verbindlichkeit und Kontrollierbarkeit der Aussage über die Diskussion hinaus durch das Interesse der Öffentlichkeit aufrecht erhalten geblieben (Denkanstoß 369).

80. Der Holland Blumen Markt

Die Bezeichnung „Holland Blumen Markt" war Gegenstand eines interessanten Gerichtsprozesses in Österreich. Ein anderer Blumenhändler beantragte bei Gericht, es dem „Holland Blumen Markt" zu untersagen, beim Handel mit Blumen und Topfpflanzen die Bezeichnung „Markt" zu verwenden.

Denn durch die Bezeichnung „Markt" würde der irreführende Eindruck erweckt, dass ein eine Mehrheit von Anbietern umfassender „Markt" betrieben werde.

Das Erstgericht wies die Klage des anderen Blumenhändlers ab. Aber das Berufungsgericht gab der Klage Folge und der Oberste Gerichtshof entschied schließlich am 12. November 1985, dass das Berufungsgericht richtig geurteilt habe und untersagte die Führung der Bezeichnung „Markt".

Bis hierher ein mehr oder weniger normaler Wettbewerbsprozess, wie sie täglich geführt und entschieden werden.

Für uns interessant ist aber, wie der „Holland Blumen Markt" auf dieses Urteil reagierte: Der letzte Buchstabe des Wortes „Markt" wurde bei den Geschäftsschildern einfach überklebt.

Seither tritt der frühere „Holland Blumen Markt" überall nur mehr als „Holland Blumen Mark" auf.

Die Kunden haben es kaum gemerkt, der Änderungsaufwand war minimal, in der Aussprache zum früheren Firmennamen lag kaum ein Unterschied und trotzdem war das Urteil erfüllt worden.

Wen stört es da, dass der Begriff „Mark" in diesem Zusammenhang in der deutschen Sprache keine allgemein bekannte geläufige Bedeutung hat?

Lösungsweg:

Durch Weglassen eines (!) Buchstabens wurde die Bezeichnung für die Kunden fast ident erhalten und trotzdem der Richterspruch voll erfüllt (Denkanstoß 237).

81. Kritik am Politiker

Im Juni 1984, knapp vor den Wahlen zum Tiroler Landtag, sah sich der legendäre Tiroler Landeshauptmann Eduard Wallnöfer (1913–1989) massiven Angriffen ausgesetzt, was er als Landeshauptmann unterlassen oder falsch gemacht habe.

Wallnöfer verwies darauf, dass er als Landeshauptmann jetzt beinahe 21 Jahre die Verantwortung an der Spitze der Regierung getragen habe. Da sei es für die anderen verhältnismäßig einfach, Kritik zu sammeln und hinauszuposaunen.

Das alles komme ihm aber vor, „wie wenn ich ein Heufuder lade und erlebe, dass bei der Fahrt zur Tenne da und dort etwas Heu herunterfällt".

Lösungsweg:

Dadurch, dass Wallnöfer eine Situation aus dem bäuerlichen Bereich herangezogen und damit einen bildhaften Vergleich gebracht hat, werden die Kritiker als kleinlich hingestellt (Denkanstöße 13, 335).

82. Die Reiskörner

„Was ich will, ist, dass wir teilen, dann haben wir Frieden in der Welt. Denn Frieden ist nichts weiter als Teilen lernen." Das war die Grundhaltung von Hermann Gmeiner, dem Gründer der SOS-Kinderdörfer (1919–1986).

Ein langjähriger Wegbegleiter von Hermann Gmeiner stellte fünf Jahre nach dessen Todestag eine kleine Sammlung von Anekdoten über das Wirken von Hermann Gmeiner zusammen.

Besonders beeindruckend war die Schilderung wie das erste außereuropäische SOS-Kinderdorf finanziert wurde.

Es war im Jahre 1963, der Koreakrieg hatte das Land in ein entsetzliches Elend gestürzt:

In der drittgrößten Stadt Koreas, in Daegu, rief Hermann Gmeiner eines Tages alle Österreicher zusammen, die in Korea im Einsatz waren. Die Stimmung war gedrückt. Da trat Hermann Gmeiner lachend in ihre Mitte und sagte: „Ich wechsle meinen Beruf und werde Goldmacher!", und legte ein Reiskorn auf den Tisch.

„Das hat mir Kim geschenkt, ein koreanischer Bub." Reis ist in Korea ein Symbol für Glück, Gesundheit und langes Leben. „Ich habe Kim versprochen, dass ich sein Reiskorn zu Geld machen werde und damit ein SOS-Kinderdorf bauen werde."

Die Österreicher blieben skeptisch, aber am nächsten Tag organisierte es Gmeiner, dass ihm hunderte Kinder Reiskörner brachten. Mit vollen Händen Reis kamen sie zu ihm und er gab allen Reis in einen großen Sack. Mit diesem Sack voll Reiskörner flog Gmeiner zurück nach Wien. In einer Pressekonferenz, bereits auf dem Flugplatz, präsentierte er den staunenden Journalisten den Sack voller Reiskörner.

Dann ließ er Kärtchen drucken, die auf die Symbolkraft des koreanischen Reiskornes hinwiesen. Auf jedes Kärtchen wurde von den Kindern des SOS-Kinderdorfes Wienerwald ein Reiskorn geklebt. Dann wurden die Kärtchen mit dem Slogan verschickt: „Ein Reiskorn – ein Dollar". Die Menschen verstanden diese Bitte. In den folgenden Monaten regnete es Millionen und bald konnte grünes Licht für den Bau des ersten SOS-Kinderdorfes im Fernen Osten gegeben werden.

Lösungsweg:

Durch das Aufzeigen der den Reiskörnern anhaftenden Symbolkraft und das Verschenken der Reiskörner, weckte und nützte Hermann Gmeiner die Emotionen der Spender (Denkanstoß 64, 350).

83. Die Eiswaffeltüte

Auf der Weltausstellung 1905 versuchte Ernest A. Hamwi mit wenig Erfolg, dünne persische Waffeln namens Zalabia zu verkaufen.

Im Gegensatz dazu wurde der Eisstand in der Nähe so von Kunden überrannt, dass das Geschirr knapp wurde.

Hamwi sah seine Chance, formte eine Tüte aus der Waffel, ließ sie abkühlen und servierte sie dann gefüllt mit einer Eiskugel. Die köstliche Erfrischung war ein durchschlagender Erfolg: die Eiswaffeltüte war erfunden.

Lösungsweg:

Die Lösung erfolgte dadurch, dass Hamwi durch Einbezug der Eiskugeln eine weit entfernt liegende Anwendungsmöglichkeit der Waffel als „Verpackungsmaterial" gesehen und realisiert hat (Denkanstoß 71).

84. Die Säuberungen Stalins

Chruschtschow attackierte erstmals 1956, auf dem 20. Parteitag der kommunistischen Partei, die Säuberungen Stalins.

Nach seiner dramatischen Rede über die Herrschaftsmethoden und den Personenkult Stalins fragte jemand aus dem Publikum laut, wie er selbst sich denn damals verhalten habe.

Chruschtschow konterte und forderte den Fragesteller auf, er möge bitte aufstehen und sich zu erkennen geben. Nichts geschah. Nicht nur der lautstarke Kritiker, auch das gesamte Plenum verharrte in Schweigen.

Chruschtschow antwortete daraufhin: „Sehen Sie, genau das habe ich damals auch getan.“

Lösungsweg:

Dadurch, dass Chruschtschow ein Beispiel aus seiner eigenen politischen Vergangenheit brachte, konnte er glaubhaft seine Position vertreten (Denkanstöße 10, 12, 112, 282, 356).

85. Der Bischof und die Bahnfahrt

Es war am 12. Mai 1990 auf dem Innsbrucker Hauptbahnhof, als ein Pilger-Sonderzug der Diözese Innsbruck nach Lourdes verabschiedet wurde. Der Bahnsteig war festlich geschmückt und die Bundesbahnmusikkapelle spielte auf. Die Reden wurden über Lautsprecher auf den ganzen Bahnsteig übertragen und konnten so von allen Reisenden und ihren Angehörigen, also von über 800 Personen, mitgehört werden.

Der Präsident der Bundesbahndirektion Innsbruck, Hofrat Dr. Adolf Sollath, richtete sich unter anderem sinngemäß wie folgt an die Reisenden:

„Nicht jedes Mal, wenn Sie, sehr geehrter Herr Bischof Dr. Stecher, mit dem Zug verreisen, können wir Ihnen einen so festlichen Abschied bereiten wie heute. Denn wir kennen Sie als einen treuen Kunden der Bahn, und wir wissen, dass Sie für Fahrten zu Sitzungen in Wien gerne die Bahn benützen.

So freut es mich besonders, Ihnen heute einmal persönlich für Ihre Treue zur Bahn zu danken, und ich wünsche Ihnen und allen Mitreisenden ein gutes Gelingen der Reise.“

Der damalige Tiroler Bischof Dr. Reinhold Stecher trat anschließend ans Rednerpult und ging auch auf die Worte des Präsidenten der Bundesbahndirektion ein:

„Sie haben gut beobachtet, wenn Sie mich schon öfters – meist in letzter Minute – zum Zug eilen sahen. Denn die Bahn fasziniert mich schon seit vielen Jahren, und ich fahre gerne mit dem Zug.

Ich muss Ihnen da ein Geständnis machen: von Zeit zu Zeit gehe ich ganz privat zum Bahnhof, kaufe mir eine Rückfahrkarte nach Feldkirch, steige in den nächsten Zug und bin nach vier, fünf Stunden mit einer fertigen Predigt wieder da, für die mir zu Hause nichts Rechtes einfallen wollte.

Da sitze ich ganz ruhig im Zug, betrachte die wechselnde Aussicht und lasse die verschiedenen Bilder und Eindrücke auf mich wirken. Dann kommen die rechten Gedanken wie von alleine, ich komme entspannt wieder in Innsbruck an – und niemand weiß wo ich war!“

Verschmitztes Lächeln des Bischofs, Beifall am Bahnsteig.

Lösungsweg:

Zwei Grundsätze wurden hier vom Bischof Stecher verwirklicht: Er hat einmal das Gegenteil dessen getan, was man üblicherweise tut, um sich zu konzentrieren, er hat sich also nicht in sein Zimmer fernab von jeder Störung eingeschlossen. Darüber hinaus hat er sich durch die Bahnfahrt die Möglichkeit eröffnet, laufend neue Ausblicke und Gegenstände während der Fahrt zu sehen, um diese möglicherweise in Bezug zu seinem Thema zu setzen. Vielleicht tragen auch seine ungemein anschaulichen und prägnanten Predigten und Artikel dazu bei, dass er nicht nur in Tirol, sondern weit darüber hinaus geschätzt und beliebt ist (Denkanstoß 71, 273).

86. Die Polizei als Menschenrechts-Organisation

In den Medien steht bei Berichten, in denen von Polizei und Menschenrechten die Rede ist, fast immer die Verletzung der Menschenrechte durch die Polizei im Vordergrund.
Nach dem Vorbild der niederländischen Polizeigruppe von Amnesty International (ai) wurde nun auch in Österreich die Berufsgruppe der Exekutive gegründet.
Initialzünder für eine verstärkte Zusammenarbeit zwischen ai-Österreich und der Exekutive war die „Woche der Menschenrechte“ des Innenministeriums im Februar 1998.
Die Kontakte zwischen ai und der Polizei verdichteten sich, die Polizeigruppe der niederländischen ai-Sektion diente als Vorbild. Nun wurde die ai-Berufsgruppe „133-Exekutive“ aus der Taufe gehoben: Für die Mitglieder eine Aufgabe im Spannungsfeld zwischen Exekutive und Menschenrechten. Für den Sprecher dieser Gruppe, Karl-Heinz Grundböck, der als Gendarm seinen Dienst versieht, ist dies eine Herausforderung: „Zur Durchsetzung des rechtsstaatlichen Anspruches, der ein geordnetes Zusammenleben ermöglicht, bedarf es der Exekutive, die unter bestimmten Kriterien in die Rechte Einzelner eingreifen darf. Die absoluten Grenzen für diese Rechtseingriffe bilden unter anderem die Menschenrechte.“
Dass von der Exekutive Menschenrechte verletzt werden können, liegt seiner Meinung nach nicht an der Gleichgültigkeit der Beamten, sondern an der Tatsache, dass einzig die Exekutive in Ausübung des staatlichen Gewaltmonopols zu Grundrechtseingriffen berechtigt ist und damit nur sie in ein Spannungsverhältnis zu individuellen Rechten kommen kann.
Und so sind neben den rund 1.000 Menschen, die sich in Österreich aktiv in ihrer Freizeit für die Menschenrechte als Mitglieder von Amnesty International engagieren, seit kurzem auch Polizisten, Gendarmeriebeamte und Justizwachebeamte für Amnesty International tätig. Oder wie es der Generalsekretär von ai-Österreich, Mag. Heinz Patzelt, formuliert: „Die Polizei kann die größte Menschenrechtsschutz-Organisation sein.“

Lösungsweg:

Weltweit werden Exekutivbeamte der Polizei, Gendarmerie und Justizwache oft als Bedroher der Menschenrechte gesehen. Dabei wird übersehen, dass sie mit ihrem häufig gefährlichen Einsatz vor allem die Menschenrechte der breiten Bevölkerung schützen. Indem jetzt eine eigene ai-Menschenrechtsgruppe von Exekutivbeamten gegründet wurde, wird die Verantwortlichkeit der Exekutive beim Schutz der Menschenrechte der Verdächtigen, der Untersuchungshäftlinge und der Strafgefangenen in besonderer Weise hervorgehoben. Der kreative Weg dorthin führt über die Beteiligung des Partners an der Lösung, auch an der Realisierung des Gegenteils (Denkanstöße 1, 9).

87. Chruschtschow vor der UNO

Am 13. Oktober 1960 fand der spektakuläre Auftritt des sowjetischen Ministerpräsidenten Nikita Chruschtschow vor der UNO-Vollversammlung in New York statt. Es war mitten im Kalten Krieg. Das denkwürdige Ereignis ging in Fotos und Filmen rund um die Welt:

Chruschtschow schlug mit seinem Schuh auf das Rednerpult.

Wie sich später herausstellte, benutzte er dafür nicht, wie immer vermutet, einen seinen eigenen Schuhe, sondern einen dritten, den er offensichtlich mitgenommen hatte.

Er verlor nicht die Beherrschung, sondern er schauspielerte bewusst. Sein Wutausbruch war kalkuliert. Er wollte vor den Augen der westlichen Welt als grober und ungehobelter Mann erscheinen, der leicht die Selbstbeherrschung verliert und sich unberechenbar und irrational verhält.

Er wollte vor allem in der Öffentlichkeit demonstrieren, dass er ein rücksichtsloser Hasardeur war, dem man auch zumuten sollte, einen Atomkrieg zu riskieren.

Ein Mann, der in einem Moment mit dem Schuh um sich schlägt, könnte im nächsten Moment auch Atomwaffen einsetzen.

Dreißig Jahre später erklärte Chruschtschows Sohn Sergej, was damals in seinem Vater vorgegangen war: Chruschtschow, der bis dahin selten außerhalb der Sowjetunion gewesen war, hatte gehört, dass die Menschen im Westen leidenschaftliche politische Debatten liebten. Er versuchte, wie ein Westler zu wirken.

Als die Leute schockiert waren, sei niemand überraschter gewesen, als Chruschtschow selbst. Was zum Inbegriff des irrationalen Sowjetrussen wurde, war offenbar nur das Resultat eines interkulturellen Missverständnisses gewesen. Zumindest sah es der Sohn Chruschtschows so.

Lösungsweg:

Indem Chruschtschow äußerlich erkennbar wütend wurde und mit dem Schuh aufs Rednerpult schlug, machte er den von ihm gewünschten Eindruck. Voraussichtlich hätten sich die anderen UNO-Teilnehmer von seiner Rede nicht so beeindrucken lassen, wenn diese in gesitteteren Bahnen verlaufen wäre. Mit Sicherheit würde man aber nicht noch vierzig Jahre später über seinen Auftritt sprechen (Denkanstöße 193, 203, 444).

88. Die Belagerung

Im Jahr 1334 belagerte die Herzogin von Tirol, Margarete Maultasch, die Kärntner Burg Hochosterwitz, die hoch über dem Talboden einen steilen Felskegel krönt. Sie wusste dass die Festung nicht im Sturm, sondern nur durch Aushungerung bezwungen werden konnte.

Im Laufe der Wochen wurde die Lage der Burg kritisch, denn die Vorräte waren bis auf einen Ochsen und zwei Säcke Gerste aufgebraucht.

Auch Margaretes Lage war inzwischen schwierig geworden: Die Moral ihrer Truppen verlotterte, das Ende der Belagerung war nicht abzusehen. Zudem hatte sie noch andere militärische Ziele.

In ihrer Zwangslage entschlossen sich die Verteidiger der Burg zu einer Kriegslist, die den eigenen Leuten selbstmörderisch erscheinen musste: Der letzte Ochse wurde geschlachtet und seine Bauchhöhle mit der verbliebenen Gerste voll gestopft.

Dann wurde er über die steile Felswand auf eine Wiese vor das feindliche Lager hinuntergeworfen.

Wie erhofft, überzeugte diese höhnische Geste Margarete von der „Zwecklosigkeit“, die Belagerung fortzusetzen, und sie zog ab.

Lösungsweg:

Wenn im Zuge einer Belagerung die Vorräte zusammenschmelzen, bemühen sich alle zu sparen. Die Verteidiger entschlossen sich, das Gegenteil zu tun und hatten damit Erfolg (Denkanstöße 1, 9, 20).

89. Die Gallenoperation

Ein Innsbrucker musste sich im Sommer 1986 unerwartet und zu einem sehr ungünstigen Zeitpunkt einer Gallenoperation unterziehen: Nämlich gerade an dem Wochenende an dem er zu seiner Familie auf Urlaub nachreisen sollte.

Der Flug musste also um eine Woche nach später verschoben werden. Am Montag fand die erfolgreiche Operation statt, fünf Tage später, am Samstag ging das Flugzeug.

Die Wunde war naturgemäß noch nicht voll verheilt, zwar gut verpflastert, aber jede Berührung, jedes Anstoßen war extrem schmerzhaft.

Der Frischoperierte ließ sich in der Klinik eine Armbinde für den linken Arm mitgeben und trug dann während des Anstellens zum Einchecken, des Wartens auf den Flughafenbus, im Flughafenbus, beim Einsteigen und beim Aussteigen immer den linken Arm in der Binde.

Für jeden Mitreisenden ein deutliches Zeichen, dass auf diesen Passagier besonders Rücksicht zu nehmen sei, dass man bei ihm also nicht anstoßen durfte.

Und der Patient landete unbeschädigt im Urlaubsort.

Der Schrecken seiner Familie beim Abholen am Flughafen, dass der Frischoperierte nun offensichtlich zusätzlich zur Gallenoperation noch einen Armbruch erlitten hatte, löste sich natürlich schnell auf.

Lösungsweg:

Der Patient wollte naturgemäß nicht ein Schild vor sich hertragen mit dem Hinweis, „Achtung frischoperiert an der Galle, bitte Abstand halten!“ Indem er jedoch so tat, als ob er eine Armverletzung hätte, und dies durch die weiße Armbinde deutlich sichtbar demonstrierte, erreichte er die gleiche Schonung im Gedränge (Denkanstoß 243).

90. Das Wörgler Schwundgeld

Als der sozialdemokratische Wörgler Bürgermeister Michael Unterguggenberger (1884–1936) im Juli 1932, ein Jahr nach seinem Amtsantritt, für die Stadt Wörgl, Tirol, ein eigenes Geld geschaffen hatte, dachte er wohl nicht, dass er damit in die Wirtschafts- und Währungsgeschichte eingehen würde.

Sogar Frankreichs Ministerpräsident Edouard Daladier erklärte 1934 zum Schwundgeldexperiment: „In Wörgl ist, angeregt durch die Theorien Silvio Gesells und der davon ausgehenden freiwirtschaftlichen Bewegung, ein sehr beachtenswerter Versuch unternommen worden. Auch ich würde in meiner Heimatstadt, falls sie einer solch erschreckenden Krise verfallen sollte, dieses System anwenden!“

In Wörgl waren die Auswüchse der Weltwirtschaftskrise deutlich bemerkbar. Wörgl hatte bei 4.000 Einwohnern über 400 Arbeitslose. Im Gemeinderat von Wörgl wurde einstimmig beschlossen, das Experiment mit dem Schwundgeld durchzuführen.

Es zielte darauf ab, Geld in Umlauf zu halten, gewissermaßen unter dem Motto „Geld ist das Blut in den Adern der Wirtschaft“. Dem lag folgende Überlegung zu Grunde:

Wenn der Nennwert einer Hundert-Schilling-Note am Monatsende zum Beispiel nur noch 99 Schilling beträgt, dann zahlt jeder, der Geld hortet, eine Strafe von 1%. Er wird das Geld also ausgeben und nicht horten.

Silvio Gesell (1862–1930) hatte für den Fall, dass die Leute das Geld horten, unter der Matratze verstecken, statt es auszugeben, vorgeschlagen, das Geld im Nennwert pro Monat schrumpfen zu lassen.

Genau das führte der Bürgermeister ein. Seine „Arbeitsbestätigungs-Scheine“ schrumpften jeden Monat im Nennwert um 1%. Wer diesen Nennwert aufrechterhalten wollte, musste vom Wohlfahrtsausschuss Wertmarken von 1% kaufen und auf den „Arbeitsbestätigungs-Schein“ aufkleben.

Die Gemeinde richtete also einen Kreislauf eigenen Geldes ein. Es wurden so genannte „Arbeitsbestätigungs-Scheine“ in Höhe von 10, 5 und 1 Schilling ausgegeben. Die Gemeinde selber und alle Wirtschaftstreibenden, die am Wörgler Geldexperiment mitmachten, kauften „Arbeitsbestätigungs-Scheine“. Wer „Arbeitsbestätigungs-Scheine“ in Schillinge zurückwechseln wollte, musste eine Gebühr von fast 2% an den Wörgler Wohlfahrtsausschuss zahlen.

Wörgl besteuerte also das Halten der Währung, erhielt daraus zusätzliche Einnahmen für Arbeitsbeschaffungsmaßnahmen und spornte die Wörgler Bürger an, das Wörgler Geld möglichst rasch auszugeben.

Mochte die Österreichische Nationalbank auch auf Grund ihrer besonderen Lage die Geldmenge verknappen, so hatte der Bürgermeister einen Weg gefunden, die Geldmenge in Wörgl situationsgerecht auszuweiten.

Das war ein Meisterstück wirtschaftspolitischer Praxis. Die Arbeitslosigkeit sank in Wörgl beträchtlich, zahlreiche Bauten wurden in Angriff genommen.

Dieses revolutionäre System weckte rund um den Erdball Interesse. 36 Staaten interessierten sich dafür. Es gab auch schon zahlreiche Nachahmungen des Wörgler Modells. Kitzbühel folgte dem Wörgler Vorbild bereits im Jänner 1933, auch in Ostösterreich fand das Modell reges Interesse.

Das System funktionierte in einem Ausmaß, das die Nationalbank dazu veranlasste, das Experiment am 15. September 1933 zu verbieten. Dies mit der Begründung, dass das Privileg zur Geldausgabe alleine in den Händen der Österreichischen Nationalbank liege.

Somit wurde der Wörgler Weg, der zu beachtlichem wirtschaftlichem Aufschwung geführt hatte, bereits nach 13 Monaten gestoppt. Sicher forcierten auch die zahlreichen Nachahmungen den Widerstand der Nationalbank, die ihre Währung dadurch langfristig gefährdet sah.

Lösungsweg:

Um seine Stadt aus der damaligen Wirtschaftskrise herauszuführen, ging der Bürgermeister ähnliche Wege wie die Nationalbank, er gab eigenes „Geld“ aus, aber verringerte dessen Wert pro Monat um 1% und erreichte damit, zumindest bis zur Untersagung, einen Aufschwung der Wirtschaft des Ortes (Denkanstoß 137).

91. Das Trojanische Pferd

Der trojanische Prinz Paris hatte Helena, die Gattin des Königs Menelaos von Sparta, entführt. Sämtliche griechischen Könige zogen daher mit einer Flotte gegen Troja, das sie 10 Jahre lang belagerten.

Am Ende des zehnten Jahres gelang die Einnahme von Troja durch eine List: Die Griechen verbargen ihre besten Helden in einem großen hölzernen Pferd („Trojanisches Pferd") und stellten es vor den Mauern von Troja ab. Die Griechen fuhren zum Schein mit ihren Schiffen ab.

Die Trojaner betrachteten das Pferd als Weihegeschenk für die Göttin Athene und führten es in die Stadt. In der Nacht verließen die Griechen das Pferd, öffneten die Stadttore, riefen die Flotte durch Feuerzeichen zurück und das griechische Heer drang in Troja ein.

Lösungsweg:

Durch Einführung eines neuen Gegenstandes konnten die Stadtmauern sozusagen von innen überwunden werden (Denkanstoß 7, 54).

92. Wir zählten die Überlebenden

Um die Verbrechen während der NS-Zeit und deren Folgen ging es 1961 in Jerusalem beim Prozess gegen Adolf Eichmann.

Staatsanwalt Hausner brachte den eindringlichen Vergleich:

„Die anderen Völker zählten im Krieg die Toten, wir zählten die Überlebenden."

Lösungsweg:

Der Staatsanwalt ging von dem aus, was übrig geblieben war und erreichte damit eine besonders einprägsame Wirkung seines Plädoyers (Denkanstoß 6).

93. Reagans Alter

Wenn es gelingt, die eigene Schwäche als Stärke herauszustellen, ist dies ein Höhepunkt der Verhandlungskunst.

Ein besonderes Beispiel stammt aus der zweiten Fernsehdebatte zwischen Ronald Reagan (* 1911) und Walter Mondale im Jahre 1984, vor der Wiederwahl Reagans.
Reagan hatte in der ersten Debatte einen schlechten Eindruck gemacht. Er hatte Fakten durcheinander gebracht und erhebliche Konzentrationsschwächen gezeigt.
Seine Berater fürchteten, Mondale würde Reagans fortgeschrittenes Alter zum Hauptangriffspunkt machen. Sie suchten angestrengt nach einer Abwehr, fanden aber keine.

Reagan selbst hatte die rettende Idee, die ihm einen Lacherfolg und wahrscheinlich die zweite Präsidentschaft einbrachte. Er sagte: „Ich werde die Jugend und Unerfahrenheit meines Gegners nicht zum Wahlkampfthema machen."

Lösungsweg:

Dadurch, dass Reagan die Unerfahrenheit und Jugend seines Gegner hervorhob, schaffte er es, seine Schwäche als Stärke darzustellen (Denkanstöße 4, 36, 43, 106, 330).

94. Der Froschtunnel

Aus Mühlhausen kommt der folgende Bericht:

Die ersten Frosch- und Krötentunnel im Elsass bewähren sich vorzüglich. Tierfreunde haben herausgefunden, dass allein in einem Jahr wahrscheinlich tausende Tiere vor dem sicheren Tod auf der Straße gerettet werden konnten.

13 Unterführungen unter einer verkehrsreichen Straße finden bei Kröten und Fröschen regen Zuspruch. Bisher hatten die Tiere während der Paarungszeit die Straße, die ihren seit Generationen festgelegten Weg zu den Paarungsplätzen zerschnitt, überquert.

Dabei war es alljährlich zu einem Massaker gekommen, bei dem tausende Tiere starben.

Lösungsweg:

Die Übertragung von Erfahrungen für Menschen mit Fußgängerunterführungen auf die Tierwelt, brachte hier die Lösung des Problems (Denkanstoß 270).

95. Der Tiger im Tank

Vor etlichen Jahren gelang es der Firma „Esso", mit dem Werbeslogan „Tu den Tiger in den Tank" ihre Umsätze binnen kürzester Zeit wesentlich zu heben.

Lösungsweg:

Eine Situation aus der Natur wurde übertragen und dem konkreten Fall angepasst (Denkanstoß 31).

96. Denn Brutus ist ein ehrenwerter Mann

William Shakespeare hat im Drama „Julius Cäsar" gezeigt, wie Marc Anton in seiner bekannten Rede nach der Ermordung Cäsars die Volksmeinung umstimmen konnte:

Marc Anton war Cäsars Staatssekretär, also seine rechte Hand für viele öffentliche Belange. Die dreiundzwanzig Verschwörer unter Führung von Brutus und Cassius erlaubten Marc Anton entgegenkommenderweise, auf dem Forum angesichts der Leiche Cäsars ein paar Worte der Trauer an die Römer zu richten.

Die Menge stand herum und nahm eine drohende Haltung gegen Marc Anton ein, während sie Brutus, Cassius und die anderen Mörder feierten. Marc Anton hatte sich das Ziel gesetzt, die Zustimmung des Volkes zum Mord an Cäsar in Hass umzuwandeln und das Volk dazu zu bringen, dass es sich gegen die wendet, die Cäsar ermordet hatten.

Kernstück seiner Rede ist die viermal fast wörtlich wiederkehrende Feststellung: „Denn Brutus ist ein ehrenwerter Mann".

Es gelang Marc Anton, die Gefühle der Menge allmählich auf seine Seite zu ziehen, ihr Mitgefühl mit Cäsar und dann ihren Zorn über die Mörder so zu erregen, dass sich die Wut des Volkes schließlich gegen die Mörder Cäsars richtete.

Lösungsweg:

Durch Wiederholung der stereotypen Aussage „denn Brutus ist ein ehrenwerter Mann", wird den Zuhörern bald klar, dass hinter dieser Aussage noch mehr stecken muss. Sie beginnen selbst zu überlegen, ob diese Aussage wirklich richtig ist (Denkanstoß 223).

97. Der dänische König

Im Jahre 1943 ging die deutsche Besatzungsmacht in Dänemark gegen die dänischen Juden vor, die seit der Besetzung 1940 in relativer Sicherheit gelebt hatten. Der deutsche Sonderbeauftragte wünschte von König Christian Auskunft, wie er das jüdische Problem in Dänemark zu lösen beabsichtige.

Der König soll zur Antwort gegeben haben: „Wir haben kein jüdisches Problem; wir fühlen uns nicht minderwertig."

Als die Besatzungsmacht später die Verfügung erließ, dass alle Juden die Armbinde mit dem gelben Davidstern zu tragen hätten, deutete der König diese Verfügung erfolgreich dahin um, dass es zwischen Dänen keine Unterschiede gebe, dass die Verfügung daher alle Dänen betreffe und dass er als Erster den Davidstern tragen werde.

Die überwältigende Mehrzahl der Bevölkerung folgte dem Beispiel des Königs, die Verfügung musste widerrufen werden und die dänischen Juden überlebten.

Lösungsweg:

Der König dehnte die Wirksamkeit der Verfügung über den direkt betroffenen Teil der Bevölkerung hinaus aus; er bezog also nicht betroffene Personen mit ein und erreichte damit eine Situation, die letztlich zum Widerruf der Verfügung führte (Denkanstoß 180).

98. Sigmund Freud und die Gestapo

Die Nazis hatten im März 1938 dem 82-Jährigen, schwer krebskranken Sigmund Freud nach einer schikanösen Hausdurchsuchung die Ausreiseerlaubnis aus Österreich nur unter einer Bedingung versprochen.

Er musste eine Erklärung unterzeichnen, wonach er

„von den deutschen Behörden und im Besonderen von der Gestapo mit der meinem wissenschaftlichen Ruf gebührenden Achtung und Rücksicht behandelt wurde, dass ich meiner Tätigkeit ganz meinen Wünschen entsprechend frei nachgehen konnte und nicht den geringsten Grund zu einer Beschwerde habe."

Im Hinblick auf die brutale Verfolgung der Wiener Juden wollte Freud nicht zulassen, dass aus seiner Unterschrift Kapital für die Nazipropaganda geschlagen werden könnte.

Als der Gestapobeamte das Dokument zur Unterschrift vorlegte, fragte Freud, ob er noch einen Satz hinzufügen dürfte.

Offensichtlich im Vollgefühl seiner Machtposition stimmte der Beamte zu, und Freud schrieb: „Ich kann die Gestapo jedermann wärmstens empfehlen."

Lösungsweg:

Durch diese Ergänzung war es Freud gelungen, die Erklärung so zu übertreiben, dass der darin enthaltene Sarkasmus die ganze Erklärung für Propagandazwecke unbrauchbar machte. Die Gestapobeamten hingegen konnten, nachdem sie Freud zum Lob gezwungen hatten, nicht gut weiteres spontanes Lob ablehnen (Denkanstoß 281).

99. Der Geburtstag des Schuhputzers

„97, 98, 99, 100. Senor, Sie bekommen heute die Schuhe gratis geputzt. Ich habe nämlich heute Geburtstag und da putze ich jedem 100. Passanten die Schuhe ohne Bezahlung", rief der 8-jährige Schuhputzer in Guatemala dem Europäer zu.

Der ließ sich erfreut die Schuhe putzen. Natürlich gab es dann ein Extra-Trinkgeld, das erheblich über dem Preis für das Putzen der Schuhe lag. Wie oft putzt einem denn auch ein Geburtstagskind die Schuhe!

Der Europäer bedankte sich, das Geburtstagskind strahlte, alle waren glücklich ...

Im Weggehen hörte der Europäer aus der Entfernung noch den kleinen Schuhputzer rufen: „97, 98, 99, 100".

Lösungsweg:

Der Schuhputzer erhöhte sein Einkommen auf drei kreativen Wegen: Er verschenkte etwas, wofür man sonst zahlen muss, er gab dem Europäer das Gefühl der 100., also jemand besonders wichtiger zu sein und er erreichte höchstwahrscheinlich die volle Auslastung seiner Arbeitszeit dadurch, dass er nur die letzten Ziffern (97, 98, 99, 100) durchzählte, um das Besondere am jeweiligen Passanten zu definieren (Denkanstoß 346).

100. Dieser hier fährt VW

In der Werbung ist Kreativität besonders wichtig. Ein Werbespot wurde als so originell empfunden, dass über ihn in der Presse wie folgt berichtet wurde:

Einer der besten Werbespots begann damit, dass die Kamera durch die Windschutzscheibe zeigt, wie sich die Scheinwerferkegel im nächtlichen Schneetreiben langsam auf einer tief verschneiten Landstraße weiterbewegen – dazu das gleichmäßige, beruhigende Geräusch des Motors.

Nach einiger Zeit ist im Scheinwerferlicht kurz ein großes Gebäude zu sehen. Gleich darauf hält der Wagen an, die Scheinwerfer werden abgeschaltet, der Fahrer steigt aus und geht auf das Gebäude zu, das nur schemenhaft zu sehen ist und etwas unheimlich wirkt. Schließlich ist das Geräusch eines sich öffnenden Kipptores zu hören.

Ein schwerer Schneepflug fährt aus der Garage. Jetzt setzt der Kommentar ein: „Wollten Sie nicht schon immer wissen, wie der Schneepflugfahrer zum Schneepflug kommt? Dieser hier fährt VW. So, jetzt wissen Sie's!"

Lösungsweg:

Nicht mehr die Fahrsicherheit des VW, sondern ein völlig anderes Problem steht im Vordergrund: „Wie kommt der Schneepflugfahrer zum Schneepflug?" Dadurch, dass mit dem Schneepflug ein völlig neuer Bezugspunkt aufgenommen wird, bekommt die Werbung für VW eine besonders eindringliche Aussage (Denkanstoß 24).

101. Im Supermarkt

Dem Besitzer zweier Supermärkte in Amerika, Sylvan Goldmann, fiel auf, dass es seinen Kunden nicht möglich war, mehr einzukaufen, als sie durch den Laden tragen konnten.

Die Kunden beschränkten ihren Einkauf auf das, was sie in der Hand oder in einem Korb tragen konnten. Goldmann bemühte sich deshalb 1937, eine Einrichtung zu erfinden, die Lebensmittel im Wert von 20 Dollar fassen sollte.

Als Ergebnis entstand der Einkaufswagen, der 1988 weltweit eine Verbreitung von 20 bis 25 Millionen Stück haben dürfte.

Lösungsweg:

Wahrscheinlich ist Goldmann auf die Lösung aus der Überlegung gekommen, dass dadurch, dass er den Korb fahrbar machte, die Arme des Kunden entlastet würden und demzufolge mehr eingekauft werden könnte (Denkanstoß 189, 315).

102. Die Schnellreparatur

Dr. Hilston Ryan, Produktmanager einer amerikanischen Firma in Europa, musste zwei Wochen auf die Reparatur seiner Schuhe warten.

Seine Ungeduld war so groß, dass er mit einem Partner einen Schnellschuhdienst, den Mr. Minit-Service, entwarf und eine komplette Maschinen-Ausrüstung nach seinen Plänen konstruieren ließ.

Mit diesen Maschinen ließen sich in weniger als zwei Minuten an zwei Schuhen neue Absätze und Sohlen anbringen.

Am Eröffnungstag stellte das größte Kaufhaus in Brüssel einen 4 Quadratmeter großen Arbeitsraum im Schaufenster zur Verfügung.

Die Schlange der Kunden wuchs auf viele Meter. Innerhalb von zwei Jahren war der Minit-Service in 1400 Kaufhäusern, Bahnhöfen und Supermärkten in ganz Europa vertreten.

Lösungsweg:

Während man bisher lästigerweise Tage auf seine Schuhreparatur warten musste, setzten sich Ryan und sein Partner das Gegenteil zum Ziel, nämlich die Reparatur in wenigen Minuten. Damit hatten sie durchschlagenden Erfolg (Denkanstöße 1, 123).

103. Der Steuerberater

Österreich hatte einmal einen Finanzminister, der gleichzeitig eine während seiner Ministerzeit immer besser florierende Steuerberatungskanzlei besaß oder zumindest wesentlich an ihr beteiligt war. Diese Kombination wurde in der Öffentlichkeit immer heftiger kritisiert.

Am treffendsten wurde das Problem der Unvereinbarkeit in einem Leserbrief in der Presse zum Ausdruck gebracht:

„Wenn ein amtierender Finanzminister neben seiner amtlichen Tätigkeit ein Steuerberatungsbüro betreiben kann, so erscheint mir das so absurd, wie wenn etwa ein ausübender Chirurg ein Leichenbestattungsunternehmen betriebe. Hierbei erscheint es belanglos, dass das Unternehmen auf den Namen seiner Frau läuft, ich würde mich auch dann nicht unter das Messer dieses Chirurgen begeben, wenn dessen Frau das Bestattungsunternehmen betriebe."

Lösungsweg:

Um die Situation möglichst allgemein verständlich darzustellen, hat der Autor des Leserbriefes durch seinen Vergleich einen Zusammenhang hergestellt mit einem Bereich, der mit dem Problem gar nichts zu tun hat. Auf diese Art hat er die Problematik der Doppelfunktion in besonderer Weise anschaulich dargestellt (Denkanstoß 145).

104. Blumenkohl

Im Ausland wenden sich in der Regel Erwachsene oder Kinder, die für sich oder ihre Familien Geld erbetteln wollen, mit dem Wort „Bakschisch" oder „Please" an die Touristen. Manchmal nennen sie auch nur die Währung, in der sie etwas Geld wollen.

Im hier erzählten Fall hatte ein Mann enormen Erfolg, als er immer nur sagte „Blumenkohl". Nicht mehr. Nur „Blumenkohl".

Man kann sich das Erstaunen der deutschsprachigen Touristen vorstellen, als dieser Mann in Asien nur die Hand aufhielt und das Wort „Blumenkohl" sagte. Keiner konnte damit etwas anfangen.

Alle fingen an, darüber zu reden, man versuchte ihn auszufragen, aber er blieb immer wieder bei seinem „Blumenkohl".

Unter den vielen Bettlern ist er dadurch aufgefallen. Ein Tourist gab ihm dann den Namen „Blumenkohl" und er war es schließlich, der zu vielen kleinen Trinkgeldern kam.

Lösungsweg:

Herr „Blumenkohl“ verstand es, sich durch etwas, das gar nichts mit dem Betteln zu tun hatte, von der Menge der übrigen Bettler abzuheben und hatte dadurch Erfolg (Denkanstoß 43, 91).

105. Die Frage nach dem Gebrauchtwagen

Als sich im amerikanischen Wahlkampf 1960 der amtierende republikanische Vizepräsident Richard Nixon und der Demokrat John F. Kennedy gegenüberstanden, gewann Kennedy mit 111.957 Stimmen Mehrheit.

Ausschlaggebend für das Ergebnis soll unter anderem gewesen sein, dass die Demokraten den Wählern die Frage zu bedenken gaben, von welchem der Kandidaten sie lieber einen Gebrauchtwagen kaufen würden.

Lösungsweg:

Ein Problem aus der Politik wurde in den Alltag transferiert: Durch Hereinbringen einer Situation aus der Wirtschaft, nämlich des Gebrauchtwagenkaufs, wird die Frage der politischen Glaubwürdigkeit auf einer Ebene abgehandelt, die vielen Menschen vertraut ist (Denkanstoß 61).

106. Antrittsrede Churchills 1940

Aus den vielen Reden Churchills ist eine Passage weltweit bekannt. Churchill wandte sich nach seiner Ernennung zum Premierminister 1940 im Unterhaus an die Abgeordneten mit den Worten:

„Ich möchte dem Hause dasselbe sagen, was ich den Mitgliedern dieser Regierung gesagt habe: Ich habe nichts zu bieten als Blut, Mühsal, Tränen und Schweiß.“

Lösungsweg:

Churchills Aussage wurde dadurch so bekannt, dass er, ähnlich wie Leopold Figl in seiner Weihnachtsansprache 1945, im Gegenteil zu dem, was man von einem Politiker erwartet, keine Versprechungen abgab, sondern in klaren Worten die Not aufzeigte, die auf das Volk zukommen würde (Denkanstoß 230).

107. Das Gift in der Ehe

Lloyd George sprach einmal vor einem englischen Frauenverband, der mit seinen Aussagen keineswegs übereinstimmte.

Ein empörter Zwischenruf traf ihn: „Wenn Sie mein Mann wären: ich würde Ihnen Gift geben!"

Lloyd George gab mit höflicher Verbeugung zurück: „Und wenn Sie meine Frau wären – ich würde das Gift nehmen."

Lösungsweg:

Lloyd George machte das Gegenteil dessen, was man von ihm erwartete und lenkte den Angriff damit um auf die Zwischenruferin (Denkanstoß 183).

108. Federballspiel

Zwei Buben im Alter von etwa 10 Jahren spielen Federball. Der eine, offensichtlich mit weniger Übung, verliert eine Partie nach der anderen, verliert schließlich die Lust und wirft wütend den Schläger weg. Er will nicht mehr spielen.

Beide Buben sind sauer: der eine, weil er es satt hat, immer Verlierer zu sein, der andere, weil sein Freund plötzlich „grundlos" nicht mehr spielen will. Beide stehen nun da und wissen nicht mehr weiter.

Da kommt einem der Buben plötzlich die Idee, nicht mehr die Fehler des einzelnen zu zählen, sondern zu versuchen, den Ball möglichst oft ohne Fehler hin- und herzuschießen. Gezählt wird nur mehr, wie oft es ihnen gelingt, den Ball hin- und herzuschießen.

Und damit ist auch der bisherige Verlierer einverstanden, und das Spiel geht weiter.

Lösungsweg:

Durch Umgestalten des Problems weg von der ursprünglichen „Gewinner-Verlierer"-Vorgabe fanden die beiden ein Spiel, das nicht mehr gegeneinander, sondern gemeinsam „gegen den Ball" geführt wurde (Denkanstoß 8, 92).

109. Die Turiner Straßenbahn

Durch die norditalienische Industriestadt Turin rollte 1988 eine Straßenbahn, die zu einem Restaurant umfunktioniert wurde.

Im rollenden Wirtshaus hatten 40 Schlemmer Platz. Sie waren vier Stunden unterwegs und streiften dabei zahlreiche Sehenswürdigkeiten.

Die Vormittagstour endete mit einem kompletten Mittagessen und kostete 50.000 Lire. Bei der Nachmittagsfahrt um 20.000 Lire werden nur Häppchen und Getränke angeboten.

Lösungsweg:

Im Bemühen, für den Fremdenverkehr eine Attraktion zu schaffen und die Einnahmen der Straßenbahnbetriebe zu erhöhen, dürfte durch Abschauen von anderen Betrieben, wie zB. Eisenbahn mit Speisewagen, diese Lösung gefunden worden sein (Denkanstoß 61).

110. Das Ei des Columbus

Angeblich hat das Ei des Columbus mit Columbus historisch nichts zu tun. Es ging um Folgendes:
1421 gab es eine Versammlung von Architekten aus vielen Ländern, die nach Florenz berufen worden waren, um zu beraten, wie man den unvollendeten Bau des Domes Santa Maria del fiore mit einer Kuppel abschließen könnte.

Jeder Baumeister hatte eingehend seine Meinung entwickelt und ein Modell gezeigt. Nur der Baumeister Filippo Brunelleschi wollte kein Modell vorstellen.

Aber er machte den inländischen und ausländischen Meistern den Vorschlag, dass derjenige, welcher ein Ei der Länge nach fest auf eine Marmorplatte stellen könne, die Kuppel bauen solle, da sich hierin dessen Talent zeigen würde.

Nachdem man also ein Ei genommen hatte, versuchten alle Baumeister, es aufrecht stehen zu lassen, aber keinem gelang es. Als man nun Brunelleschi aufforderte, das Ei aufrecht hinzustellen, nahm er es mit Grazie, stieß es mit dem schmalen Ende auf die Marmorplatte und brachte es so zum Stehen.

Als die Künstler riefen, dass sie es so auch hätten machen können, antwortete Brunelleschi lachend, sie würden es auch verstanden haben, die Kuppel zu wölben, wenn sie sein Modell oder seine Zeichnung gesehen hätten. Und so wurde beschlossen, dass er beauftragt werden sollte, den Bau zu leiten.

Diese Erzählung wurde später mit Columbus in Zusammenhang gebracht, deshalb auch die Bezeichnung „Ei des Columbus".

Lösungsweg:

Brunelleschi mag sich überlegt haben, ob es hilft, wenn er das Ei beschädigt bzw. Gewalt anwendet. So kam er auf die Lösung (Denkanstoß 193).

111. Die Kreissäge

Angeblich wurde die Kreissäge wie folgt erfunden:

Eine Nonne beobachtete zwei Holzfäller, die schwitzend an einem Baumstamm herumsäbelten, während sie an ihrem Spinnrad arbeitete.

Ihre Idee, Sägezähne am Rand eines wie ein Spinnrad rotierenden Rades anzubringen, revolutionierte die Holz verarbeitende Industrie.

Lösungsweg:

Das Holzfällen wurde mit einem Gegenstand, der in Sichtweite war, aber gar nichts damit zu tun hatte, nämlich mit einem Spinnrad gedanklich verknüpft (Denkanstoß 7, 71).

112. Die Gangster-Party

Wie aus einem Film abgeschaut wirkt ein Coup der Polizei von Washington. Weil zu viele Gangster auf der Fahndungsliste standen, lud die Polizei unter einem falschen Firmennamen 3.000 gesuchte Unterweltler zu einer Party ein.

Geboten wurden freie Bewirtung, Eintrittskarten zu einem Footballspiel und die Verlosung einer Traumreise.
Von den 3.000 Angeschriebenen konnten 106 nicht widerstehen. Am Sonntag kamen sie zur angegebenen Adresse in einem Tagungszentrum von Washington und wurden anfänglich von verkleideten Polizisten höflich bedient.

Als Clou des Abends kam dann die Demaskierung: „Hände hoch, Sie sind festgenommen", hieß es für 106 „Gäste".

Lösungsweg:

Das Einladen von Kriminellen zu einer Party durch die Polizei, noch dazu mit Geschenken und Verlosungen, ist in mehrfacher Hinsicht das Gegenteil von dem, wie die Polizei üblicherweise mit Gangstern umgeht (Denkanstöße 1, 169).

113. Die Übersiedlung der Bibliothek

In der amerikanischen Stadt Billerica, Massachusetts, sollte die städtische Bibliothek übersiedelt werden. Der Umzug drohte aber an den hohen Transportkosten zu scheitern.

Die Leser fanden sich jedoch zusammen, bildeten eine 900 Meter lange Kette und reichten die Bücher von Hand zu Hand weiter. Viele tausende Dollar wurden gespart, und der Umzug konnte planmäßig abgewickelt werden.

Lösungsweg:

Hier wurde aus dem Bereich der Feuerwehr, deren Männer früher die vollen Wasserkübel zum Löschen des Feuers weiterreichten, die kostengünstigste Lösung abgeschaut (Denkanstoß 39).

114. Denksportaufgabe

Stellvertretend für unzählige Denksportaufgaben, die nur kreativ zu lösen sind, wird das folgende Beispiel gebracht:

Die unten abgebildeten 9 Punkte eines Viereckes sind durch 4 gerade zusammenhängende Linien zu verbinden. Der Bleistift darf beim Ziehen der Linien nicht vom Papier abgehoben werden.

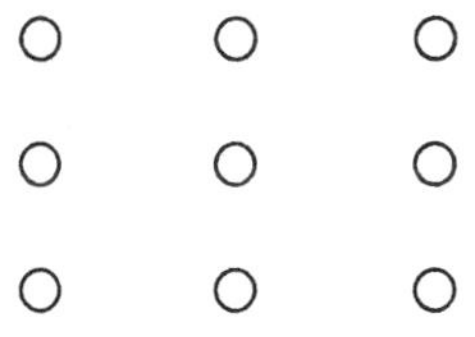

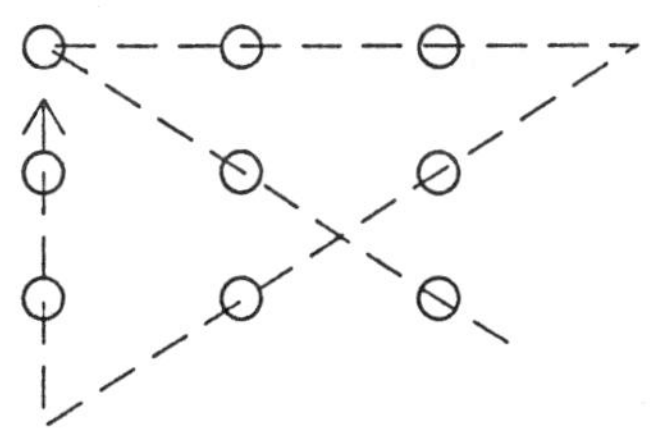

Solange mit dem Bleistift nur innerhalb des Viereckes gezeichnet wird, ist eine Lösung nicht möglich, Erst wenn, wie auf der Skizze dargestellt, drei Linien über das Viereck hinaus verlängert werden, erhält man die Lösung.

Lösungsweg:

Eine Lösung der Aufgabe konnte nur dadurch gefunden werden, dass sie außerhalb des Viereckes, also ganz wörtlich „außerhalb des Problems", gesucht wurde (Denkanstoß 2).

115. Die Schlaglöcher

In der Stadt Falls-City in den USA konnten die zahlreichen Schlaglöcher mangels verfügbarer Mittel nicht mehr repariert werden.

Die Stadtverwaltung „verkaufte“ die Löcher einzeln an interessierte Bürger und ließ die Löcher aus dem Verkaufserlös sanieren. Der Käufer wurde mit seinem Namen auf dem ehemaligen Schlagloch vermerkt.

Innerhalb kürzester Zeit waren alle Schlaglöcher verkauft.

Lösungsweg:

Die Beziehung zwischen Bürger und Stadt ist in der Regel geprägt von Zwang, zB. zum Beachten der Gesetze, zum Steuerzahlen, zum Ausfüllen von Formularen etc. Hier wurde das Gegenteil versucht, nämlich eine freiwillige Leistung zu erreichen. Es gelang, weil durch die Verewigung des Spender-Namens die menschliche Eitelkeit als Motivation genutzt wurde (Denkanstoß 262).

116. Unternehmensberatung durch Kriminelle

Im kalifornischen San Diego bieten ehemalige Kriminelle ihre Dienste als Unternehmensberater an. Die Mitarbeiter setzen sich aus früheren Räubern, Einbrechern, Fälschern und Kreditkartendieben zusammen.

Vor allem Banken interessieren sich für den Erfahrungsschatz dieser Spezialgruppe und beherzigen in immer größerer Zahl deren Ratschläge. Auch Kaufleute holen Gutachten und Empfehlungen dieser „Fachleute“ ein.

Die Initiative wird von regierungsamtlicher Seite unterstützt:

Die ehemaligen Kriminellen sind mit Hilfe des staatlichen Arbeitsamtes für diesen Job engagiert worden.

Lösungsweg:

Für Vorbestrafte und Kriminelle ist es oft fast unmöglich, einen Arbeitsplatz zu finden. Jedenfalls hält man sie möglichst von ihren früheren Wirkungsstätten fern. Der Einsatz als „Berater“ gerade im Umkreis ihres früheren Wirkungsbereiches ist eine Lösung, auf die man durch Überlegung des Gegenteiles kommen kann (Denkanstoß 1).

117. Die heißen Würstchen

Anton Feuchtwanger, ein amerikanischer Einwanderer aus Bayern, führte 1880 als Erster „Frankfurter Würstchen" in den USA ein. Er besaß einen kleinen Stand in St. Louis. Sein Problem war, dass die schmackhaften kleinen Würstchen zu heiß waren, um von den Kunden in die Hand genommen zu werden.

Porzellanteller mit Silberbesteck konnte er sich nicht leisten. Feuchtwanger gab an jeden Kunden Handschuhe aus, aber das erwies sich als zu kostspielig. Die Wäscherechnung war zu hoch, und manche Kunden nahmen die Handschuhe einfach mit.

Da kam ihm die Idee, die Würstchen in einem langen aufgeschnittenen Brötchen anzubieten. Und damit waren die Hot Dogs geboren.

Lösungsweg:

Dadurch, dass Feuchtwanger die Verpackung geändert hat und einen anderen Bestandteil dazu genommen hat, konnte er nicht nur sein Problem lösen, sondern auch den Startschuss für ein neues Produkt geben (Denkanstoß 116).

118. Die Patscherkofelbesteigung

Im Februar 1976, zurzeit der zweiten Olympischen Spiele in Innsbruck, war Fred Sinowatz österreichischer Unterrichtsminister. Im Zuge der Spiele gab er das Versprechen ab, er würde zu Fuß den Patscherkofel (2247 m Höhe) besteigen, sollte Franz Klammer für Österreich eine Goldmedaille im Abfahrtslauf erringen.

Da der wohlgenährte Unterrichtsminister eher durch seine gemütliche Rundlichkeit als durch seine sportliche Trainiertheit auffiel, konzentrierte sich das Interesse der Öffentlichkeit in besonderer Weise auf dieses Versprechen.

Als Klammer dann wirklich eine Goldmedaille gewinnen konnte, machte Sinowatz sich unter großer Beteiligung der Medien am 4. Juli 1976 auf den Weg zur Einlösung seines Versprechens.

Der Start war um 5 Uhr früh. Expeditionsleiter war der Chef der Innsbrucker Alpinschule Hannes Gasser. Der Unterrichtsminister schaffte den Patscherkofel und zwar offensichtlich besser, als man es von ihm erwartet hatte.

Die Einlösung dieses Versprechens und die große Berichterstattung in den Medien trugen damals dazu bei, ihn noch populärer zu machen.

Lösungsweg:

Sinowatz nutzte das Gegenteil aus, indem er, als nicht gerade sportlich erscheinender Mensch, sich zur Erfüllung einer sportlichen Leistung verpflichtete. Durch diesen Gegensatz gelang es ihm, nicht nur Aufsehen, sondern auch Popularität zu erringen (Denkanstöße 1, 369).

119. Der schwere Werbebrief

Kurz vor Versand von zehntausenden Werbesendungen stellte sich in einem Unternehmen bei der letzten Kontrolle heraus, dass das Gewicht mit 21,5 Gramm knapp über den postalisch zugelassenen 20 Gramm zuzüglich des akzeptierten Toleranzrahmens von 1 Gramm, also über 21 Gramm lag.

Die Rückfrage bei der Post ergab, dass 21 Gramm die absolute Toleranzgrenze seien und dass jede auch noch so minimale Überschreitung sofort das Porto der nächsthöheren Gebührenklasse zur Folge haben würde. Diese konnte jedoch durch die geplanten Budgetmittel nicht bezahlt werden.

Ein Mitarbeiter, der früher in einer Druckerei gearbeitet hatte und die Gespräche verfolgte, wies darauf hin, dass Papier die Feuchtigkeit des umgebenden Außenklimas annehme und dass man durch trockene Wärme dem Papier Feuchtigkeit entziehen könne. Möglicherweise könne dadurch das Gewicht ausreichend reduziert werden.

Ein Exemplar der Werbesendung wurde auf die voll aufgedrehte Zentralheizung gelegt und wog nach einer Viertelstunde tatsächlich um 0,8 Gramm weniger.

Alle Wertsendungen wurden dann über Nacht im Heizungskeller gelagert und tags darauf ohne Probleme von der Post in der geplanten Gebührenklasse angenommen und befördert.

Lösungsweg:

Möglicherweise kommt man auch als Laie zu dieser Lösung, wenn man überlegt, ob Erhitzen zum Ziel führt (Denkanstoß 117).

120. Der Dackel frisst nicht

Aus Düsseldorf wurde die folgende Geschichte berichtet:

In den Sommerferien fuhren meine Eltern mit uns Kindern an die See. Bei mehreren kleinen Kindern gleicht so ein Unternehmen schon fast einem Umzug und meine Eltern waren froh, als wir uns in unserem Feriendomizil gut eingerichtet hatten.

Verständlich daher der Schrecken, der sie befiel, als nach drei Tagen ein Telegramm aus dem Tierheim eintraf: „Bitte Dackel abholen, frisst nicht."

Was tun?

Die Anwesenheit unseres Dackels „Atti" in der Ferien-Pension war untersagt. Mussten wir jetzt alles aufgeben und zurückfahren?

Meine Mutter war nicht dieser Ansicht. Sie packte ein getragenes Nachthemd von sich ein und schickte es per Eilboten an das Tierheim mit der Anweisung, dieses Hemd dem Hund ins Körbchen zu legen.

Und siehe da, nach kurzer Zeit kam die Rückmeldung: „Alles okay, er frisst wieder". Der vertraute Geruch an dem Hemd hatte dem Hund das Verlassenheitsgefühl genommen. Mit diesem „Stück Frauchen" war er zufrieden und wir konnten uns trotzdem weiter sonnen.

*

Die zwischenzeitlich erwachsene Tochter befasst sich übrigens nebenbei mit Hundezüchtung und hat, wie sie mitteilt, auch von dieser Begebenheit profitiert:

„Ich habe übrigens aus dieser Problemlösung gelernt und gebe jedem Welpen, den ich verkaufe, ein Handtuch mit, das vorher einige Tage in der Hundekiste gelegen hat. Für die Hunde ist es ein Stück von ihrem Rudel, sie fühlen sich nicht mehr allein und gewöhnen sich ohne Jaulen und Jammern an die neue Umgebung."

Lösungsweg:

Indem für den Dackel etwas Vertrautes mitgegeben wurde, löste sich das Heimweh-Problem (Denkanstoß 344).

121. Kennedy in Berlin

Noch heute sind die Worte von John F. Kennedy aus dem Jahre 1963, also kurz nach dem Bau der Berliner Mauer 1962, vor dem Schöneberger Rathaus in West-Berlin in Erinnerung:

„Vor zweitausend Jahren war der stolzeste Satz, den ein Mensch sagen konnte, der: Ich bin ein Bürger Roms! Heute ist der stolzeste Satz, den jemand in der freien Welt sagen kann: ‚Ich bin ein Berliner'... Alle freien Menschen, wo immer sie leben mögen, sind Bürger dieser Stadt West-Berlin, und deshalb bin ich als freier Mann stolz darauf, sagen zu können: Ich bin ein Berliner."

Das Bekenntnis von John F. Kennedy „Ich bin ein Berliner" sprang wie ein Funke vom Schöneberger Rathausbalkon auf die Bevölkerung über und ging um die Welt.

Lösungsweg:

Kennedy hat in Berlin bewusst die Position des anderen eingenommen und sich damit identifiziert. Sein über Jahrzehnte fortlebendes Image wurde auch durch diese Äußerung gerade in Deutschland nachhaltig geprägt (Denkanstoß 10).

122. Das Salomonische Urteil

Das Salomonische Urteil wird dem König Salomo (965–926 v. Chr.) zugeschrieben.

Zwei Frauen traten vor König Salomo mit einem Problem:

Die eine Frau sprach: „Ach, mein Herr, ich und diese Frau wohnten in einem Hause und ich gebar bei ihr im Hause. Und drei Tage nachdem ich geboren hatte, gebar auch sie. Und wir waren beieinander und kein Fremder war mit uns im Hause, nur wir beide. Und der Sohn dieser Frau starb in der Nacht; denn sie hatte ihn im Schlaf erdrückt. Und sie stand in der Nacht auf und nahm meinen Sohn von meiner Seite, als ich schlief und legte ihn in ihren Arm und ihren toten Sohn legte sie in meinen Arm. Als ich des Morgens aufstand um meinen Sohn zu stillen, da war er tot. Aber ich sah ihn genau an und sah, es war nicht mein Sohn, den ich geboren hatte."

Die andere Frau sprach: „Nein, mein Sohn lebt, doch dein Sohn ist tot." Jene aber sprach: „Nein, dein Sohn ist tot und mein Sohn lebt." Und so redeten sie vor dem König.

Und der König sprach: „Holt mir ein Schwert!“ und als das Schwert vor den König gebracht wurde, sprach der König: „Teilt das lebendige Kind in zwei Teile und gebt dieser die Hälfte und jener die Hälfte.“ Da sagte die Frau, deren Sohn lebte, denn ihr mütterliches Herz entbrannte in Liebe für ihren Sohn: „Ach, mein Herr, gebt ihr das Kind lebendig und tötet es nicht!“ Jene aber sprach: „Es sei weder mein noch dein; lass es teilen!“ Da antwortete der König und sprach: „Gebt dieser das Kind lebendig und tötet es nicht; die ist seine Mutter!“

Lösungsweg:

Dadurch, dass der König drohte, das Kind zu töten, also es zu vernichten, kamen schnell die echten Gefühle der echten Mutter zum Vorschein (Denkanstoß 115, 345).

123. Reader's Digest

Nach dem Ersten Weltkrieg hatte Dewitt Wallace die Idee, regelmäßig die beste zeitgenössische Lektüre zusammenzufassen und in einem Heft zu veröffentlichen.

Die Idee war so erfolgreich, dass Reader's Digest 1988 schon jeden Monat eine Auflage von über 30 Millionen Exemplaren in 15 Sprachen hatte.

Lösungsweg:

Das Angebot einer Auswahl von zeitgenössischer Lektüre in Form einer Monatszeitschrift brachte den ungeheuren Erfolg, weil der Absatz im Wege von Abonnements bei Zeitschriften viel leichter zu erreichen ist als bei Büchern. Wallace machte also statt der Herausgabe der Literatur in Buchform das nach, was sonst nur mit Zeitungen und Zeitschriften gemacht wird, nämlich den Verkauf im Wege des Abonnements (Denkanstoß 61).

124. Die Liste der Arbeitsplätze

Ein junger Mann auf Arbeitssuche sprach bei einem großen Kaufhaus vor, wo man ihm sagte, dass es schon zu viele Bewerber vor ihm gäbe.

Unverzagt sah er sich das Kaufhaus genau an und rief dann den Personalchef an. „Ich suche eine Arbeitsstelle und habe gerade mehrere Stunden im Kaufhaus verbracht und nach Möglichkeiten gesucht, wo ich mitarbeiten kann", sagte er. „Nun habe ich eine Liste mit zehn potenziellen Arbeitsplätzen zusammengestellt, von denen ich glaube, dass ich Ihnen dort sofort nützlich sein könnte. Kann ich zu Ihnen kommen und Ihnen die Liste zeigen?"

Wenig später wurde er in diesem Kaufhaus angestellt.

Lösungsweg:

Der Bewerber versetzte sich in die Lage des Gesprächspartners und stellte für diesen etwas zusammen, was für ihn besonders interessant war, nämlich die zusätzlichen Einsatzorte für Personal. Damit machte er so großen Eindruck, dass er genommen wurde (Denkanstoß 296).

125. Zuhören als Beruf

Hand in Hand mit der zunehmenden Industrialisierung und dem wachsenden Wohlstand entstehen auch Bedürfnisse nach neuen Dienstleistungen, so zB. der Beruf des Zuhörers, über den bereits im Jahr 1969 wie folgt berichtet wurde:

Recht einträglich, aber ziemlich anstrengend ist der Beruf eines Zuhörers. Er wurde erst vor kurzem von einer einfallsreichen jungen Dame in den USA ins Leben gerufen.

Sie engagierte schon nach kurzer Zeit eine ganze Reihe von geduldigen jungen und älteren Menschen, die nur die einzige Aufgabe haben, sich die Sorgen und Probleme wildfremder Menschen anzuhören.

Schon nach dem ersten Versuch, mit diesem Job Geld zu verdienen, meldeten sich hunderte von Menschen, die das Bedürfnis hatten, einem Zuhörer gegenüberzusitzen. Darunter befanden sich Schwiegermütter, Ehemänner und aufgebrachte Frauen.

Für drei Dollar in der Stunde, von denen zwei Dollar dem berufsmäßigen Zuhörer gehören, konnten sie sich ihre Sorgen oder ihre Wut von der Seele reden. Für die junge „Manager-Dame“ wurde dies ein einträgliches Geschäft.

Lösungsweg:

Die junge Dame hat sich überlegt, welche Bedürfnisse Gesprächspartner haben, also im vorliegenden Fall jemanden zu haben, bei dem sie sich ausreden können. Auf diese Weise hat sie für sich eine neue berufliche Beschäftigung gefunden (Denkanstoß 404).

126. Der Gewissensfonds

Seit Jahrzehnten besteht in Amerika der so genannte „Gewissensfonds“, der als Sonderkasse des amerikanischen Schatzamtes geführt wird.

Als im Jahre 1811 ein Übeltäter 250 Dollar, die er unrechtmäßig erworben hatte, an das Schatzamt einbezahlte, wurde dieser „Gewissensfonds“ gegründet. Der anonyme Einzahler begründete seine Überweisung damit, dass er sein schlechtes Gewissen loswerden möchte.

Seit der Gründung des Fonds langten immer wieder anonyme Zahlungen ein.

Das gute Gewissen scheint manchem Amerikaner sehr viel wert zu sein, hat doch der Fonds vor vielen Jahren bereits einen Stand von über 2 Millionen Dollar erreicht.

Lösungsweg:

Hier ging es zwar nicht um die Lösung eines großen „Problems“, aber immerhin darum, was man mit den ersten 250 Dollar anfing. Der Weg, ein Sammelkonto für freiwillige Spenden an den Staat einzurichten, scheint äußerst absurd, denn wer zahlt schon etwas freiwillig. Aber man ging davon aus, dass eventuell jemand doch das Gegenteil von dem macht, was man erwartet. Die ersten 250 Dollar wurden so zum Anlass genommen, für mögliche weitere Zahlungen durch Einrichtung eines Kontos Vorsorge zu treffen. Offensichtlich funktioniert es (Denkanstoß 216).

127. Weihnachtsansprache von Leopold Figl 1945

Eine der packendsten Reden eines Politikers war die Radioansprache des damaligen österreichischen Bundeskanzlers Ing. Leopold Figl zu Beginn der Nachkriegszeit am Heiligen Abend 1945:

„Ich kann euch zu Weihnachten nichts geben. Ich kann euch für den Christbaum, wenn ihr überhaupt einen habt, keine Kerzen geben.

Ich kann euch keine Gaben für Weihnachten geben. Kein Stück Brot, keine Kohlen zum Heizen, kein Glas zum Einschneiden.

Wir haben nichts. Ich kann euch nur bitten: Glaubt an dieses Österreich."

Lösungsweg:

Figls Rede war dadurch so beeindruckend, dass sie, ähnlich wie die Antrittsrede Churchills 1940, das Gegenteil von üblichen Politikerreden war. Sie war kurz und enthielt keine Versprechungen, sondern gipfelte in einer Bitte an die Zuhörer (Denkanstoß 230).

128. Der Gastwirt und die fehlerhafte Speisetafel

Beim Eingang zu einem Gasthaus wurden auf einem großen Schild die wichtigsten Speisen angeboten.

Bei vier Speisen gab es schwere Rechtschreibfehler, die weder nach der alten, noch nach der neuen Rechtschreibung entschuldbar waren.

Ein Gast machte den Wirt auf die Fehler aufmerksam. Dieser bedankte sich sehr höflich und meinte, er würde es aber trotzdem so stehen lassen.

Auf den überraschenden und fragenden Blick des Gastes meinte der Wirt, er, der freundliche Gast, sei heute nämlich schon der 15. der ihn auf diese Fehler aufmerksam mache. Und die meisten Gäste blieben dann im Wirtshaus und aßen auch gleich etwas.

Lösungsweg:

Durch den bewussten Fehler gab der Gastwirt dem Vorübergehenden die Möglichkeit, nicht nur besser gebildet zu erscheinen, sondern dem Gastwirt „behilflich" zu sein, Fehler zu vermeiden (Denkanstoß 25, 165).

129. Die strickende Großmutter und Klein-Eva

Klein-Eva spielt im Wohnzimmer und läuft der strickenden Großmutter immer wieder in den Wollfaden.

Es gibt Streit und vom ständigen Ermahnen genervt schlägt der Vater vor, Klein-Eva in den Laufstall zu stecken, damit die Großmutter in Ruhe stricken kann.

Darauf schlägt die Mutter vor, doch lieber die Oma in den Laufstall zu setzen, wo sie genauso ungestört stricken, Klein-Eva jedoch weiterhin im Zimmer herumtoben kann.

Lösungsweg:

Dadurch, dass der normale Ort der handelnden Personen getauscht wird, wird eine überraschend einfache Lösung gefunden (Denkanstoß 212).

130. Die persönliche Nachspeise

Der „Kurier" berichtet über ein Beispiel des Verkaufsexperten Wolfgang Ronzal für persönliche Betreuung in einem Restaurant:

„Als ich mit meiner Familie ein Restaurant besuchte und meine Tochter ein Mousse au chocolat bestellte, fragte die Serviererin sie nach ihrem Vornamen. Die Nachspeise wurde serviert mit einem „für Gudrun" am Tellerrand.

Lösungsweg:

Durch das Hervorheben des Namens wurde der Service des Restaurants so bleibend in der Erinnerung verfestigt, dass sich die Eltern das merkten, der Vater es in einem Buch erwähnte und der „Kurier" es für einen Artikel aus dem Buch zitierte (Denkanstoß 262).

131. Das Nachbarschaftstreffen

Am Anfang stand die Überlegung, dass Verbrechen durch bessere Kontakte der Nachbarn leichter verhindert werden können. In einem kleinen Dorf gehört es zum Alltag, dass Fremde, die bei einer Türe läuten, in den Garten gehen oder mehrmals an einem Haus vorbeigehen, auffallen und meist argwöhnisch betrachtet werden.

In Städten ist diese soziale Kontrolle nicht mehr so gegeben. Die Nachbarn kennen sich kaum bis gar nicht, wenn nicht in einem Haus oder Stadtviertel ganz bewusst Kontakte gepflegt und organisiert werden.

In Toronto, Kanada, werden diese Kontakte seit 1986 bewusst organisiert. Die Idee dazu kam aus den USA, wo die Nachbarschaftstreffen 1983 begannen. Dort waren im ersten Jahr nur 400 Städte beteiligt, 1997 nahmen bereits 9.200 Städte teil. Mehr als 30 Millionen Leute kamen aus den Häusern, um ihre Nachbarn zu treffen und kennen zu lernen.

Am 4. August 1998 fand nun in Toronto wieder ein „National Night Out Event" statt:

In den einzelnen Stadtteilen wurden die Einwohner ermutigt, ihre Außenbeleuchtungen an den Häusern einzuschalten und auf die Straße zu gehen, damit man sich mit den Leuten vom nächsten Haus treffen kann. 1998 nahm erstmals ganz Toronto an diesen Häuserblockpartys mit Barbecue oder Kaffee und Kuchen teil.

Gerade im Hinblick darauf, dass in Nordamerika die Leute im Durchschnitt alle drei Jahre ihren Wohnort wechseln, sind die Nachbarschaftstreffen besonders wichtig.

„Wenn Sie das Haus des Nachbarn auf der anderen Straßenseite und links und rechts von Ihnen beobachten und die Nachbarn machen dasselbe, dann ist Ihr Haus sicherer, Sie sind sicherer und Ihre Kinder sind sicherer," erklärte Inspektor Paproski.

Eine ähnliche Aktion wurde in Frankreich gestartet. Durch die „Operation Wohnblock" sollen die Beziehungen der Franzosen zu ihren Nachbarn verbessert werden. Alle Bewohner wurden aufgerufen, an einem bestimmten Dienstag im Mai ihre Nachbarn auf einen Drink einzuladen. Die Werbung erfolgte übers Internet und mit Plakaten.

Lösungsweg:

Durch das bewusste Einbinden des anderen wird mehr Sicherheit für alle erreicht (Denkanstoß 173, 174).

132. 30 Ideen in 30 Minuten

Fallweise leiden Kongresse und Seminare daran, dass man als Teilnehmer außer interessanten persönlichen und beruflichen Kontakten keine konkreten neuen Ideen mit nach Hause nehmen kann.

Um diesen Mangel zu beseitigen, wurde schon vor Jahren in den USA die Idee geboren, gute Ideen in Kurzfassung vorzutragen.

Die „Wochenpresse" berichtete 1980 darüber wie folgt:

In den USA findet man jetzt häufig bei Jahreskonferenzen von Vereinigungen den Programmpunkt „30 Ideen in 30 Minuten".

Meist ist es der Rahmen für ein gemeinsames Essen, manchmal aber auch der Auflockerungsteil nach langen Referaten.

Referenten sind fünf oder sechs der Experten, die ohnehin das Tagungsprogramm gestalten. Sie wechseln sich im Rhythmus von einer Minute ab. In dieser Zeit müssen sie eine Idee vortragen, die sich in der Praxis leicht verwirklichen lässt.

Oft werden diese sehr lebhaften 30 Minuten als Höhepunkt der Veranstaltung angesehen, besonders von denen, die der Ansicht sind, dass sich eine Tagung schon dann lohnt, wenn man eine oder zwei neue Ideen mitbringt.

Lösungsweg:

Hier entschied man sich, mehrere kurze Reden halten zu lassen und die Zeit hierfür radikal auf 1 Minute zu begrenzen. Das waren sicher die ausschlaggebenden Gründe, weshalb dieser Programmpunkt jeweils so ein Erfolg wurde (Denkanstoß 319).

133. Der Klettverschluss

Dem Schweizer Erfinder George de Mestral kam die Idee zur Erfindung des Klettverschlusses Anfang der fünfziger Jahre, als er von einem Jagdausflug nach Hause kam.

Er stellte fest, dass an seiner Kleidung überall Klettfrüchte hafteten, die er nur mühsam entfernen konnte.

Bei genauerem Hinsehen entdeckte er, dass sie mit feinen Haken versehen waren, die nach dem Loslösen von den Kleidern nicht beschädigt waren und sich immer wieder verhaken konnten.

Diese Beobachtung inspirierte George de Mestral zur bahnbrechenden Erfindung des Klettverschlusses.

Lösungsweg:

Dadurch, dass George de Mestral eine Situation aus der Natur übernahm, fand er die Grundlagen für den Klettverschluss (Denkanstoß 76).

134. Der Dieb und der Schwanz des Esels

Einem Großbauern waren die silbernen Bestecke gestohlen worden.

Der Dieb ließ sich nicht ermitteln. Da wandte sich der Geschädigte an Anastasius, den Einsiedler. Der kam, führte seinen Esel in einen abgedunkelten Raum und befahl allen Verdächtigten, einzeln einzutreten und den Schwanz des Esels durch die Hand gleiten zu lassen. Berühre ihn der Schuldige, werde der Esel schreien.

Alle Mägde und Knechte gingen nacheinander in das Zimmer. Der Esel blieb stumm. Schon wollte der Gutsherr Zweifel am Verfahren Ausdruck geben, da öffnete Anastasius die Läden vor den Fenstern: „Zeigt Eure Hände!“ Alle rechten Handflächen waren schwarz, nur eine nicht.

Der Einsiedler zeigte auf den Sauberen: „Das ist der Dieb. Ich habe den Schwanz des Esels gefärbt, und dieser hat aus Angst, das Tier werde schreien, nicht zugefasst.“

Lösungsweg:

Indem der Einsiedler Anastasius unrichtige Konsequenzen der Berührung am Schwanz des Esels in den Raum stellte, veranlasste er den Dieb, sich zu verraten (Denkanstoß 215).

135. Der Empfang von Justizminister Broda

Im Mai 1978 fand in Wien ein Seminar über Fragen des internationalen Erbrechts, veranstaltet von der International Academy of Estate and Trust Law, statt. Ca. 15 verschiedene Nationen waren vertreten. Österreichischer Organisator war die Wiener Anwaltskanzlei Heller & Löber.

Im Zuge des Seminars war auch ein Empfang beim damaligen Bundesminister für Justiz, Dr. Christian Broda angesetzt.

Der Zeitpunkt des Empfanges am Nachmittag kollidierte jedoch mit der Parlamentstagung, bei der es um die Neuregulierung des österreichischen Scheidungsrechtes ging.

Die ca. 60 Teilnehmer an der Tagung wurden deshalb von Broda ins Parlamentsgebäude auf einen Nachmittagskaffee eingeladen.

Bei diesem Kaffee-Empfang hielt Broda jedoch keine der üblichen Empfangsansprachen mit Willkommensgruß an die Gäste etc., sondern wandte sich sinngemäß wie folgt an die Teilnehmer:

„Ich bin sehr froh, dass ich Sie heute Nachmittag hier im Parlament empfangen kann. Es läuft nämlich gerade im Nationalrat die Debatte über die Neuregulierung der Ehescheidung. Einen strittigen Punkt bildet die Frage, nach wie viel Jahren der Trennung ein Ehepartner die Scheidung auch gegen den Willen des anderen Ehepartners durchsetzen kann. Der Vorschlag des österreichischen Justizministers beträgt sechs Jahre. Im Plenum wurde mir gesagt, dass dieser Zeitraum keinen richtigen Schutz für die meist betroffene Frau bedeute und dass dies überdies zu kurz sei. Da in Ihren Reihen Anwälte aus vielen anderen Ländern sind, möchte ich Sie bitten, mir zu sagen, wie lange diese Frist in Ihrem Heimatland ist, damit ich mit Ihren Informationen im Plenum argumentieren kann.“

Die anwesenden Anwälte erzählten in der Folge aus der Situation in ihren Ländern. Dabei stellte sich heraus, dass die Frist zwischen ein und vier Jahre betrug.

Nach Einholung dieser Informationen bedankte sich Dr. Broda in einem Schlusswort und verließ seine Gäste, um im Plenum mit den soeben gewonnenen Informationen weiter zu argumentieren.

Bei den ausländischen Gästen ließ Justizminister Broda einen bleibenden Eindruck zurück. War es doch einmalig, dass bei so einer Gelegenheit ein Justizminister seine Gäste nicht mit einer Ansprache versorgte, sondern sie um ihre Mithilfe bat.

Dadurch, dass die Gäste um Hilfe gebeten wurden, blieb ihnen dieses Ereignis auf Jahre hinaus in Erinnerung, war es doch für alle erstmals die

Möglichkeit, durch ihre Wortmeldung zur Gestaltung einer Debatte im österreichischen Nationalrat beizutragen.

Lösungsweg:

Dadurch, dass Broda die Gesprächspartner um etwas gebeten hat, erreichte er, dass diese sich ungeheuer aufgewertet fühlten und die Begegnung mit ihm in dauernder Erinnerung behielten (Denkanstoß 25).

136. Der Verkaufsprofi

In dem Buch von Lee Iacocca über seine Karriere berichtet er über die Bedeutung der Autohändler für jeden Autoproduzenten:

„Während meiner Jahre in Chester lernte ich eine Menge über den Autoeinzelhandel, das meiste von einem Verkaufsleiter namens Murray Kester in Wilkes-Barre. Murray war ein echter Profi, wenn es darum ging, Verkäufer auszubilden und zu motivieren.

Einer seiner kleinen Tricks bestand darin, jeden Kunden vier Wochen nach dem Kauf eines neuen Autos anzurufen. Murray fragte die Käufer immer: „Wie gefällt das Auto Ihren Freunden?"

Seine Strategie war einfach. Er argumentierte, dass sich der Kunde, den man fragt, wie er mit dem Auto zufrieden ist, verpflichtet fühlen könnte, irgendeinen Mangel zu erwähnen. Aber wenn man ihn fragte, wie seine Freunde es finden, dann musste er einem versichern, wie toll das Auto sei. Selbst wenn das Auto seinen Freunden nicht gefiel, würde er es nicht fertig bringen, das zuzugeben. Zumindest nicht so bald! Er musste sich ja immer noch einreden, einen guten Kauf gemacht zu haben.

Wenn man wirklich helle war, dann fragte man den Kunden nach den Namen und Telefonnummern seiner Freunde. Schließlich könnten sie ja daran interessiert sein, ein ähnliches Auto zu kaufen.

Eines muss man sich klarmachen: Jeder, der irgendetwas kauft – ein Haus, ein Auto oder Wertpapiere –, wird seinen Kauf einige Wochen lang rechtfertigen, selbst wenn er einen Fehler gemacht hat."

Lösungsweg:

Dadurch, dass der Verkäufer nicht die direkte Frage über die Zufriedenheit des Käufers stellte, sondern ein drittes Element, nämlich die Freunde, hineinbrachte, konnte er beim Käufer zusätzliche Gefühle des Stolzes und der Freude auslösen (Denkanstoß 24).

137. Das „Weiße Rössl“ im Winter

Eine Idee der besonderen Art hat sich Mag. Helmut Peter, Inhaber vom „Weißen Rössl“ in St. Wolfgang am Wolfgangsee, einfallen lassen.

Um seinen Hotelgästen ein Bad im Wolfgangsee auch in der kalten Jahreszeit zu ermöglichen, hat er im See ein Becken versenkt. Gebaut wurde es von der Schiffswerft Linz.

Es ist mit Seewasser gefüllt und wird mit Wärmepumpen das ganze Jahr über auf angenehme Badetemperatur beheizt. Im beheizten Wasserbecken kann man dadurch bei 30 Grad Wassertemperatur baden, auch dann wenn in der Luft Minusgrade herrschen.

Lösungsweg:

Durch konsequente Verfolgung des Denkanstoßes, es zu erhitzen, könnte man auf diese Lösung kommen (Denkanstoß 117).

138. Gipfel-Mail vom Hafelekar

Seit kurzem können Urlaubsgäste, die mit der Seilbahn von Innsbruck auf das 2269 Meter hohe Hafelekar aufgefahren sind, den Daheimgebliebenen beinahe in Echtzeit den tollen Blick von der Nordkette auf die zweifache Olympiastadt übermitteln.

Eine Digitalkamera und ein Internetanschluss sorgen dafür, dass via Internet digitale Urlaubsgrüße versandt werden können, die in den Adressaten den Wunsch erwecken, auch einmal auf diesem markanten Gipfel zu stehen und den atemberaubenden Blick auf die Tiroler Landeshauptstadt zu genießen.

Um das Selbstporträt samt Ausblick in alle Welt zu versenden, braucht man keine Computerkenntnisse. Es genügt, auf dem Touchscreen seine Grußworte einzutippen und sich vor der digitalen Kamera in Position zu stellen.

Die Kamera ist nach Süden ausgerichtet, sodass die Lieben zu Hause nicht nur die Grußabsender in luftiger Höhe, sondern auch das umliegende Bergpanorama und Innsbruck am Fuß des Berges bewundern können.

Das „E-Mail-Grußkarten-Service" ist gratis, weil die Seilbahn-Manager damit rechnen, dass sie durch diese Internet-Initiative eine große Werbewirkung für ihre Seilbahn und das beeindruckende Naherholungsgebiet oberhalb von Innsbruck erzielen.

Das Projekt scheint die Nordketten-Besucher zu begeistern. In den ersten 20 Tagen nach der Einrichtung des e-mail-Dienstes wurden bereits über 1000 elektronische Postkarten mit Blick auf Innsbruck versandt.

Lösungsweg:

Da etwas kostenlos angeboten wird, das nicht alltäglich ist, ist zu erwarten, dass das Hafelekar einen entsprechenden Bekanntheitsgrad über Innsbruck hinaus erhält und damit der Umsatz vergrößert wird (Denkanstoß 350).

139. We try harder

Vor Jahrzehnten war der Werbespruch der Mietwagenfirma Avis, mit dem sie sich unausgesprochen vom Konkurrenten Hertz abheben wollte, fast weltweit bekannt:

„Wir sind die Nummer zwei. Wir geben uns mehr Mühe, um Nummer eins zu werden.“

Offensichtlich hatte die Werbung so großen Erfolg, dass der Bezug zur Nummer eins in den Hintergrund trat. In einem 1978 veröffentlichten Inserat gab es neben dem historischen „We try harder“ („Wir geben uns mehr Mühe“) noch zusätzlich kreative Aussagen:

„Selbst wir glauben nicht, dass Sie in hellen Scharen zu uns überlaufen, nur weil wir einen Eiskratzer in unsere Wagen legen. Und es wäre einfach nicht wahr, wenn wir Ihnen erzählen wollten, dass bei uns überhaupt alles so viel besser wäre.

Denn alle Autovermieter haben mehr oder weniger die gleichen Autos, haben mehr oder weniger die gleichen Preise. Und ach so günstige Sondertarife.

Die Mädchen hinter den Schaltern sind gleich hübsch und gleich freundlich. Die Autos sind gleich sauber und gleich gut gepflegt. Die Tanks sind gleich voll. Selbst die berühmten Aschenbecher werden inzwischen überall geleert.

Vielleicht unterscheidet uns im Moment wirklich nur dieser Eiskratzer von anderen Autovermietungen. Und auch nur so lange, bis eine andere Autovermietung uns das nachmacht.

Was uns wirklich unterscheidet, ist eigentlich nur das Versprechen, uns immer noch mehr Mühe zu geben. Was wir hiermit bekräftigen wollen.

Das hat immerhin zur Folge, dass wir uns auch ständig verpflichtet fühlen, uns mehr Mühe zu geben und uns ständig Gedanken zu machen, was wir noch besser machen können.

Vielleicht können Sie uns dabei ein bisschen auf die Sprünge helfen, indem Sie uns ein paar Anregungen geben. Möglicherweise schreiben Sie uns sogar einmal.

Wir strengen uns an, uns noch mehr Mühe zu geben. AVIS“

Lösungsweg:

Beim ursprünglichen Werbespruch wurde die eigene Situation, also der Nachteil, nicht die größte Mietwagenfirma zu sein, in den Vordergrund gestellt. Der Nachteil wurde als Schwäche deklariert und dann entsprechend uminterpretiert, sodass der Nachteil in einen Vorteil umgemünzt werden konnte. Beim zweiten Text wurde eine unbedeutende Begleiterscheinung, der Eiskratzer, als besonders wichtig erklärt und mit dem Einleitungssatz „Selbst wir glauben nicht ...“ der Leser dort abgeholt, wo er in seiner Reaktion sein dürfte (Denkanstoß 81).

140. Das Königreich als Erbe

Aus Ägypten wird die Geschichte erzählt, wonach der im Sterben liegende König seine beiden Söhne zu sich rufen ließ und ihnen seinen letzten Willen kundtat. Die Söhne standen am Sterbebett, das Pferd jedes Sohns war vor dem Zelt.

Der Vater wollte, dass die beiden Söhne um die Stadt ritten. Erbe des Königreiches sollte der Sohn sein, dessen Pferd bei diesem Ritt das Zweite war.

Die Söhne sahen sich hilflos an.

Plötzlich sprang der eine Sohn auf und ritt im wilden Galopp rund um die Stadt, der andere folgt ihm nach ein paar Sekunden.

Des Rätsels Lösung: Der erste Sohn war auf das Pferd des anderen Sohnes aufgesprungen. Damit gelang es dem zuerst wegreitenden Sohn zu erreichen, dass sein eigenes Pferd, das der zweite Sohn ritt, als Zweites ankam und er dadurch Erbe des Königreiches wurde.

Lösungsweg:

Der Sohn machte das Gegenteil des Normalen. Er ritt nicht sein eigenes, sondern das Pferd seines Bruders. Damit löste er die vom Vater gestellt Aufgabe (Denkanstoß 82).

141. Der Witz

Immanuel Kant beschäftigte sich vor fast 200 Jahren mit Witz: Worin besteht überhaupt die Technik des Witzes? In jedem Witz stoßen zwei unabhängige Gedanken plötzlich aufeinander. Dies findet sich 1798 wörtlich in seiner Vorlesung über Anthropologie:

„Der Witz paart (assimiliert) heterogene Vorstellungen, die oft nach dem Gesetz der Einbildungskraft (der Assoziation) weit auseinander liegen."

Besonders elegant wirkt es also, wenn dieselben Worte oder Bauteile zweimal verwendet werden.

- Der junge Lyriker fragt den Verleger: „Sie meinen, ich sollte mehr Feuer in meine Gedichte legen?" „Umgekehrt", meint der Verleger, „mehr Gedichte ins Feuer."
- „Wie geht's denn in Charlys neuer Ehe?" „Na, wie soll's schon gehen. Sie wirft ihm das Trinken vor – und er ihr das Essen nach."
- Sigmund Freud zitiert die Vermutung über den erstaunlichen Wohlstand eines Ehepaares als geradezu diabolisch guten Witz:

  „Nach der Ansicht der einen soll der Mann viel verdient und sich dabei etwas zurückgelegt haben, nach anderen wieder soll sich die Frau etwas zurückgelegt und dabei viel verdient haben."

Lösungsweg:

Dadurch, dass etwas hinzukommt, das ursprünglich gar nichts mit der Situation zu tun hat, stoßen zwei unabhängige Situationen aufeinander, wobei die Sprengkraft des Witzes umso größer ist, je weiter die zwei Gedanken entfernt sind (Denkanstoß 243).

142. Der nicht prozessfreudige Politiker

Der spätere dritte Nationalratspräsident, Rechtsanwalt Dr. Siegfried Dillersberger, war jahrelang Bürgermeister in Kufstein. In dieser Funktion gab es 1979 eine heftige politische Auseinandersetzung mit einem sozialistischen Landeshauptmannstellvertreter von Tirol. Er warf Dillersberger ein Verhalten vor, das von diesem als Ehrverletzung empfunden wurde.

Es gibt immer wieder Politiker, die solche Konflikte über die Gerichte im Wege von Ehrenbeleidigungsprozessen austragen. Fallweise enden dann solche Prozesse für den Ankläger äußerst unangenehm.

Dillersberger ließ jedoch über die Presse verkünden, dass die Vorwürfe ihm gegenüber völlig unberechtigt seien, dass sie sogar den strafbaren Tatbestand einer Ehrenbeleidigung darstellten und dass er deshalb die Privatanklage einbringen könnte.

Da er jedoch der Meinung sei, dass „die politische Auseinandersetzung niemals vor Gericht, sondern in der Öffentlichkeit geführt werden soll" verzichte er darauf, die Angelegenheit vor das Strafgericht zu bringen.

Diese Erklärung wurde von vielen Medien wiedergegeben womit die Angelegenheit erledigt war.

Lösungsweg:

Dadurch, dass Dillersberger das Gegenteil des Üblichen machte und nicht klagte, löste er das Problem nicht nur schnell und ging auch kein Prozessrisiko ein, sondern hatte im Übrigen eine gute Nachrede in der Presse, weil er als über der Sache stehender Staatsmann erschien (Denkanstoß 1).

143. Das Strafmandat

Ein Polizeioffizier, der für sein besonderes Talent bekannt war, kritische Situationen auf ungewöhnliche Weise zu lösen, war dabei, ein Strafmandat für eine geringfügige Verkehrsübertretung auszustellen, als sich eine feindselige Menge um ihn zu sammeln begann.

Als er seine Amtshandlung beendet hatte, war die Stimmung der Menge gefährlich, und es war keineswegs sicher, ob er zur relativen Sicherheit seines Streifenwagens zurückkehren könne.

In dieser Situation kam ihm die Idee, mit lauter Stimme zu verkünden:

„Sie haben soeben der Ausstellung eines Strafmandates durch einen Beamten Ihrer Stadtpolizei beigewohnt.“

Und während sich die Umstehenden bemühten, den tieferen Sinn dieser allzu offensichtlichen Verlautbarung zu ergründen, stieg er in sein Fahrzeug und fuhr ab.

Lösungsweg:

In diesem Fall wurde durch die verwirrende Selbstverständlichkeit der Mitteilung eine Umdeutung erreicht. Dadurch wurde die Situation aus der feindseligen Bedeutung herausgehoben, in die sie durch die feindselige Menge gebracht worden war (Denkanstoß 37).

144. Milchpakete als Fahndungshilfe

Auf ungewöhnliche Weise wurde im Jänner 1985 in Chicago nach einem 11-jährigen Mädchen und einem 4-jährigen Buben gefahndet, die seit zwei Jahren verschollen waren.

Eine Molkerei, die monatlich 2 Millionen Milchpackungen verkauft, ließ auf diese die Fotos der Kinder drucken.

„Dadurch werden praktisch alle Bevölkerungs- und Altersgruppen angesprochen, und die Bilder könnten am Frühstückstisch zu Gesprächen über die Gefahren führen, die Kindern durch Entführer drohen,“ hieß es.

Lösungsweg:

Zwei Bereiche, die überhaupt nichts miteinander zu tun haben, Entführung – Milch, werden kombiniert und damit eine höhere Fahndungsdichte erreicht (Denkanstoß 15).

145. Der Brillensupermarkt

1983 eröffnete Dean Butler seinen ersten optischen Supermarkt in Kentucky. Kunden lockte er in aufwändigen Fernsehspots mit der Devise an: „Ihre Brille in einer Stunde."

Schon zwei Jahre später war seine Firma zur größten optischen Supermarktkette der Welt geworden. 1986 erzielte seine Firma bereits rund 200 Millionen Dollar Umsatz.

In jedem der 110 Läden (1986) wurden durchschnittlich 500 Brillen in der Woche zu rund Schilling 1.000 pro Fassung abgesetzt.

Verkaufskanonen unter den Mitarbeitern werden typisch amerikanisch belohnt: Mit Hawaii-Flugreisen bis zum „Pie in the Eye – Wettbewerb", bei dem der Gewinner dem Vorgesetzten seiner Wahl eine Cremetorte ins Gesicht werfen darf.

Lösungsweg:

Etwas in dieser Branche Unübliches – Brille in einer Stunde – wird bewusst organisiert und in der Werbung vermarktet. Üblicherweise besteht Respekt und Distanz zum Vorgesetzten. Hier wird das Gegenteil als Motivation für Verkäufer eingesetzt (Denkanstoß 1, 361).

146. Der dumme Anwalt

In seinem Werk vom Redner („de Oratore") berichtet Cicero:

Der Prätor Scipio gab einem Sizilianer für dessen Rechtsstreitigkeit einen Gastfreund, einen vornehmen, aber sehr dummen Mann, zum Anwalt.

„Ich bitte dich, Prätor", sagte der Sizilianer, „Gib meinem Gegner diesen Anwalt; dann brauchst du mir keinen zu geben!"

Lösungsweg:

Der scheinbare und einem selbst zugedachte Vorteil wird an den Gegner weitergegeben (Denkanstoß 150, 191, 272).

147. Die Bewerbung

1965 forderte in Paris ein Stellenbewerber vom Direktor und vom Personalchef eines Kaufhauses handgeschriebene Lebensläufe an.

„Ich möchte wissen, wie es in der Leitung Ihres Unternehmens aussieht, bevor ich bei Ihnen eintrete“, hieß es im Schreiben des Bewerbers.

Die Zuschrift hatte Erfolg. Angesichts des Personalmangels sandten Direktor und Personalchef die gewünschten Lebensläufe samt Referenzen und versicherten in einem humorvollen Begleitschreiben, dass sie alles tun würden, damit sich der neue Mitarbeiter wohlfühle.

Dieser hat den Posten angetreten.

Lösungsweg:

Der Bewerber vertauschte die Rollen, wie sie üblicherweise verteilt sind, und hatte damit Erfolg (Denkanstoß 1).

148. Die Badewanne des Archimedes

Wie messe ich das Volumen eines unregelmäßigen Körpers? Nicht am Schreibtisch sondern in der Badewanne.

Diese Erkenntnis verdanken wir dem griechischen Mathematiker Archimedes (285–212 v. Chr.): Archimedes bekam von König Hieron von Syrakus den Auftrag zu ermitteln, ob das bei seiner neuen Goldkrone verwendete Gold reines Gold sei. Dabei durfte die Krone nicht beschädigt werden. Archimedes fand lange Zeit keine Lösung. Das Gewicht der Krone konnte man durch Wiegen leicht ermitteln. Aber das Volumen der Krone konnte man nicht durch Messen ermitteln.

Als er eines Tages in eine bis zum Rand volle Badewanne stieg und das überlaufende Wasser sah, soll er mit einem Freudenschrei aus der Wanne gesprungen und nackt durch die Straßen zum Königspalast gelaufen sein.

Dabei rief er immer wieder: „Heureka“, also „Ich hab's gefunden!“ Im Palast brachte er die zu untersuchende Krone und einen gleich schweren Klumpen reinen Goldes auf einer Waage ins Gleichgewicht. Dann tauchte er die an der Waage hängenden Körper in ein Gefäß mit Wasser. Wenn die Krone und der Goldklumpen aus dem gleichen Material gewesen wären, dann hätte auch im Wasser weiterhin Gleichgewicht bestehen müssen. So aber senkte sich die Seite mit dem Goldklumpen.

Daraus schloss Archimedes, dass dem Kronengold leichteres Metall hinzugefügt worden war, wodurch das Volumen der Krone vergrößert wurde.

Sein Ausruf „Heureka“ hat sich über Jahrtausende erhalten.

Lösungsweg:

In der Badewanne hat Archimedes die Lösung gefunden. Dadurch, dass er in Beziehung setzte, was gar nichts miteinander zu tun hatte, nämlich Badewanne und Krone, hatte er plötzlich die Lösung (Denkanstoß 71).

149. Luxusleben

Der römische Tribun Gajus Sempronius Gracchus (154–121 v. Chr.) musste sich gegen den Vorwurf wehren, er führe ein zu luxuriöses Leben. In einer Rede nahm er hiezu Stellung:

„Wer hier auf diesem Forum das Wort ergreift, will damit etwas erreichen, erhofft sich davon einen Vorteil ... Auch ich, der ich hier zu euch rede, tue dies nicht uneigennützig.

Ja, ich will etwas von euch ... Ich will, dass ihr eure Einkünfte ebenso beharrlich vermehrt, wie ich die meinen vermehrt habe.

Denn nur wer sein eigenes Wohl im Auge hat, kann auch über das Staatswohl wachen.“

Lösungsweg:

Gracchus verblüffte seine Zuhörer mit dem Eingeständnis, auf seinen Vorteil bedacht zu sein. Er versuchte, das Streben nach persönlichem Reichtum zur Bürgerpflicht zu erklären. Dadurch wollte er seine Mitbürger zu Komplizen seines exzessiven Wohllebens machen, welches man ihm vorwarf. Gracchus machte also das Gegenteil von dem, was man von ihm erwartete. Er verteidigte sich nicht, sondern stellte den eigenen Fehler, die eigene Schwäche als Vorbild für die Bevölkerung hin und wertete seine Fehler als Vorteil für das Staatswohl (Denkanstoß 9).

150. Der zweckentfremdete Rosenkranz

Wenn der Name Karl Rahner fällt, denkt man immer an den Jesuiten und Theologen, der am 30. März 1984 in Innsbruck, wenige Tage nach seinem 80. Geburtstag, starb. Er hat durch seine zahlreichen theologischen Schriften jahrzehntelang das Bild der katholischen Kirche geprägt.

Dass aber Rahner nicht nur ein außergewöhnlicher Theologe, sondern auch ein ungemein lieber und gütiger Mensch war, dem zuzuhören eine Freude war und der sich ganz auf die Bedürfnisse seiner Gesprächspartner einstellen konnte, ergibt sich aus der folgenden, von ihm festgehaltenen Geschichte aus seiner Zeit als Aushilfspfarrer in Niederbayern 1944/45:

„Als ich einmal ganz und gar nicht mehr wusste, was ich einigen Kindern, die bei mir zu Besuch waren, erzählen sollte, habe ich in meiner Not den Rosenkranz herausgezogen.

Aber zum Rosenkranzbeten hatten sie auch keine Lust. Und da habe ich mir gedacht: ‚Der liebe Gott wird schon nichts dagegen haben . . .', und dann haben wir mit dem Rosenkranz einfach Eisenbahn gespielt.

Die Perlen nahmen wir als Lokomotiven und als Eisenbahnwaggons."

Lösungsweg:

Rahner beschäftigte die ihn besuchenden Kinder, indem er den Rosenkranz zu etwas heranzog, zu dem er von einem Priester sonst nicht herangezogen wird. Dadurch gewann er nicht nur das Vertrauen der Kinder, sondern legte vielleicht auch den Grundstein für eine natürliche, unverkrampfte Religiosität. Erreicht wurde dies durch das Umsetzen des Gegenteils, indem er statt mit dem Rosenkranz zu beten, mit ihm spielte: er holte damit die Kinder dort ab, wo sie mit ihren Spielgedanken waren (Denkanstoß 168).

151. Produktivität

Es war in den frühen fünfziger Jahren:

Einer staunenden österreichischen Gewerkschaftsdelegation wurde in den USA die größte Baumaschine mit dem Hinweis vorgestellt, dass ein Fahrer mit diesem Ungetüm die Arbeit verrichten könne, die früher 100 Mann mit Spaten erfordert hatte.

Sinnierend meinte ein österreichischer Bauarbeiterfunktionär: „Wenn ich aber denke, dass man hier statt dem einen Baggerführer 100 Leute mit Spaten beschäftigen könnte!"

Worauf der Amerikaner eiskalt entgegnete: „Ja, oder 1.000 mit Kaffeelöffel."

Lösungsweg:

Eine Aussage wurde durch extreme Übertreibung wertlos gemacht und damit die ganze Argumentation entkräftet. Augenfälliger konnte der Begriff Produktivität nicht demonstriert werden (Denkanstoß 42, 281).

152. Die Altbürgerfeier

In fast allen Städten gibt es so genannte „Jungbürgerfeiern". Die 18-Jährigen jungen Leute werden von ihrer Stadtgemeinde zu einer Feier eingeladen und bei dieser Feier in das öffentliche und politische Leben eingeführt.

Trotz vieler Bemühungen um eine attraktive Gestaltung, kommen selten mehr als die Hälfte der eingeladenen Jugendlichen.

Aus der Überlegung, wie man älteren Mitbürgern für das, was sie im Laufe ihres Berufslebens für die Gemeinschaft geleistet haben, von öffentlicher Hand danken könne, entstand 1987 in Innsbruck als bisher einziger Stadt in Österreich und wahrscheinlich auch in Europa die so genannte „Altbürgerfeier".

Ziel dieser Feier ist es, den Mitbürgern, die 68 Jahre alt geworden sind, anlässlich eines Empfanges für das zu danken, was sie seit ihrem 18. Lebensjahr, also während eines halben Jahrhunderts, für die Gemeinschaft getan haben.

Bis zum Ende des Jahres 2000 wurde die Altbürgerfeier in Innsbruck bereits 19 mal durchgeführt. Sie war jedes Mal ein voller Erfolg und hatte ein hervorragendes Echo. 600–700 Personen füllten bei jeder Feier die festliche Dogana.

Lösungsweg:

Gedanklich ausgehend von der Jungbürgerfeier wurde das Gegenteil, die Altbürgerfeier, konzipiert und durchgeführt (Denkanstoß 1).

153. Der Pate im Altersheim

Eine sehr einfache Lösung der Einsamkeit in Altersheimen hat Robert Schwarz, Gemeinderat der Stadt Schwaz in Tirol, gefunden.

Er initiierte Patenschaften für Bewohner der drei Schwazer Altenheime. Nach zwei Jahren konnte man feststellen, dass sich diese Einrichtung gut bewährt hat.

Die sieben „Paten" kümmern sich um Bewohner, die allein stehend sind oder deren Familien weit entfernt wohnen. Sie führen Gespräche, gehen einkaufen, machen gemeinsame Ausflüge, begleiten die Senioren bei Arztbesuchen usw. Der Bedarf ist groß und es werden dringend neue Paten gesucht.

Lösungsweg:

Dadurch, dass Leute gesucht werden, die vielleicht in einer ähnlichen Situation sind, die also entsprechende Zeit haben und vielleicht auch fallweise einsam oder ohne konkrete Aufgabe sind, ist beiden geholfen (Denkanstoß 25).

154. Dann könnten wir die Motoren abstellen

Der bekannte amerikanische Kaugummihersteller Wrigley, dessen Kaugummimarke weltweit zu den bekanntesten gehört, wurde auf einer Flugreise von einem Reporter interviewt.

Der Reporter stellte ihm die Frage, weshalb er immer noch so viel Werbung betreibe, obwohl seine Kaugummimarke ja weltweit bereits bestens bekannt sei.

Wrigley fragte ihn, ob das Flugzeug schon die normale Flughöhe erreicht habe. Der Reporter antwortete: „Ja, ich glaube schon."

Wrigley: „Dann könnten wir ja eigentlich die Motoren abstellen. Genauso ist es mit der Werbung."

Lösungsweg:

Dadurch, dass Wrigley ein sehr plastisches Beispiel dafür brachte, weshalb man bei einem gut und erfolgreich beworbenen Produkt nicht die Werbung einstellen kann, überzeugte er ohne viel theoretische Ausführungen (Denkanstöße 203, 217, 335).

155. Der fehlende Löffel

Vor Jahren hörte ich bei einem Besuch in Hamburg im Hotelzimmer zufällig eine Morgensendung, in der über eine wahre Begebenheit berichtet wurde:

In einem Stehrestaurant holte sich eine Dame einen Teller Suppe, trug diese zu einem Stehtisch und hängte ihre Tasche unter den Tisch. Da merkte sie, dass sie den Löffel vergessen hatte.

Als sie endlich mit dem Löffel wieder zurückkam, stellte sie zu ihrer Überraschung fest, dass ein Schwarz-Afrikaner aus ihrer Suppe löffelte. Zuerst geschockt, dann aber mutig, fasste sie sich ein Herz, trat wieder an den Tisch und begann mit ihrem Löffel ebenfalls die Suppe zu löffeln.

Der Schwarz-Afrikaner lächelte sie freundlich an und aß ungestört weiter. Als die Suppe fertig war, lud er sie noch auf eine Tasse Kaffee ein.

Schließlich verabschiedete sich der Schwarz-Afrikaner und verließ das Restaurant. Nachdem auch die Dame ihren Kaffee fertig getrunken hatte, griff sie nach ihrer Handtasche.

Sie musste zu ihrem Schrecken feststellen, dass diese offensichtlich gestohlen war. Sie stürzte zum Ausgang, konnte aber den Schwarz-Afrikaner nirgends mehr entdecken.

Verärgert kam sie wieder zurück ins Restaurant und sah plötzlich auf einem anderen Tisch eine kalte Suppe stehen, darunter hing ihre Tasche.

Lösungsweg:

Durch dieses plastische und wahre Beispiel kann sehr gut die Bereitschaft und Fähigkeit einzelner Bevölkerungsgruppen, miteinander umzugehen, demonstriert werden. Ein Beispiel sagt mehr als hundert theoretische Ausführungen (Denkanstöße 145, 203).

156. Das abschreckende Vöcklabruck

Nach dem Krieg war man auch in Oberösterreich auf die private Zimmervermietung an so genannte „Paying Guests“ angewiesen.

Fritz Molden schildert, wie man die dabei auftauchenden Probleme in Griff bekam:

„Gewisse Destinationen schienen für „Paying Guests“ prädestiniert, etwa Bad Ischl (von ihnen „bed eischl“ ausgesprochen), Zell am See (von ihnen „sellemsie“ genannt) oder gar Vöcklabruck, welches für angelsächsische „Paying Guests“ sehr schwer auszusprechen war und gewöhnlich als „fuckelbruck“ bezeichnet wurde.

Für viele damals meist noch gottesfürchtige Anglikaner und Lutheraner, besonders aus den konservativen und provinziellen Grafschaften des Nordens oder Schottlands, führt dieses Wort ob seines Anklingens an die aus gewagten amerikanischen Romanen bereits bekannte ordinär-urige Bezeichnung gewisser zwischenmenschlicher Aktivitäten wohl zu einer Art Psychoschock.

Dieser war es wahrscheinlich, der, wie aus den statistischen Erhebungen der Direktion der oberösterreichischen Landesfremdenverkehrswerbung klar hervorgeht, durch einige Jahre den Zustrom von „Paying Guests“ in den Raum Vöcklabruck und damit in den benachbarten lieblichen Attergau (viele Schlösser, Herrenhäuser und ländliche Villen, daher an sich ideale „food and board“-Voraussetzungen) erheblich reduzierte.

Die Lösung des Problems war, wie die Oberösterreicher sagten, „watscheneinfach“. Die Aufteilung der mit Hilfe von speziellen Reisebüros in London oder anderswo in kleinen Rudeln herbeigeführten „Paying Guests“ auf die einzelnen Teile des Attergaus erfolgte nicht länger am Bahnhof Vöcklabruck, sondern an dem nur wenige Kilometer entfernten Bahnknotenpunkt Attnang-Puchheim.“

Lösungsweg:

Man entfernte den Stein des Anstoßes, indem man einfach den Ort wechselte (Denkanstoß 55).

157. Das Telefonat aus Portugal

Der Ablöseprozess der Eltern von den heranwachsenden Kindern ist meist mit vielen Umstellungen, manchmal auch Schmerzen verbunden. Gerade Urlaubsfahrten der Kinder ins Ausland nehmen hier einen besonderen Stellenwert ein.

Die Kinder, endlich weg von zu Hause, frei, ungebunden, bereit zum Entdecken des völlig auf sich allein gestellten Seins, genießen es, endlich Ruhe von den sie mit Sorgen umgebenden Eltern zu haben.

Die Eltern hingegen sehen auf ihr Kind schon in den ersten Tagen Räuber, Entführer, Vergewaltiger und sonstige Gefahren zukommen oder einfach die Verwicklung in einen schweren Unfall.

Und wenn dann die vereinbarten Anrufe aus der Entfernung ausbleiben, haben die Gefahren zugeschlagen, dem eigenen Kind ist etwas zugestoßen, vielleicht ist es sogar von Menschenschmugglern nach Asien entführt – die Fantasie kennt keine Grenzen.

Wie solche Ängste möglicherweise in Griff zu bekommen sind, hat mir eine Mutter nach überstandener Zeit berichtet:

Am Freitag flog meine immerhin schon 19-jährige Tochter nach Portugal. Mit Bus und Bahn sollte es von einer Jugendherberge zur anderen gehen. Ich gab ihr extra Geld mit, damit sie mich nach der Landung gleich anrufen konnte. Das war besprochen und fix vereinbart und ich wusste, da konnte ich mich auf meine Tochter verlassen.

Aber der Freitagabend verging. Am Samstag stieg meine Nervosität. Am Sonntag wusste ich, es ist ihr was passiert und ich konnte nichts machen. Montag versuchte ich die Eltern der begleitenden Freundin im Urlaub aufzustöbern. Nein, auch sie wüssten nichts von ihrer Tochter. Den ganzen Dienstag konnte ich meine Tränen nicht mehr zurückhalten.

Das arme Kind – verunglückt in der Ferne, zerschunden, festgehalten, jedenfalls etwas Fürchterliches musste dazwischen gekommen sein. Waren sie doch zu zweit unterwegs und trotzdem wurden sie am Telefonieren gehindert.

Der Mittwoch, nach einer schlaflosen Nacht, war voll gefüllt mit all den grausigen Ereignissen, die jugendlichen Touristen in den letzten Jahrzehnten widerfahren sind. Ermordet, nicht identifizierbar verunglückt, verschleppt – alles wurde für mich jetzt hautnahe Realität. Zu Hause gab es nur mehr dieses Gesprächsthema.

Die gedrückte Stimmung, meine Tränen, meine Sorge, dazwischen die völlig unpassenden Hinweise meines Mannes, dass es zwar ungehörig sei, dass sich die Tochter trotz Vereinbarung und Telefongeld nicht schon längst gemeldet habe, dass dies aber zeige, dass es ihr gut gehe, dass sie selbst keine Probleme habe und auch nicht Opfer eines Unfalles geworden sein könne, denn sonst hätten wir schon längst was gehört. Das alles machte die letzten Tage zur Hölle. Immerhin war meine Tochter schon seit sechs Tagen weg, ohne einen einzigen Anruf.

Dazwischen die besorgten Anrufe meiner Eltern, ob ich denn immer noch nichts gehört hätte. Unsere Tochter wollte doch sofort anrufen, ob wir ihnen, den Eltern, etwa etwas Fürchterliches verschweigen würden, um sie nicht zu ängstigen. Jetzt also auch das noch.

Der Donnerstag war nicht mehr zum Aushalten. Um mich zu beruhigen, setzte mein Mann eine Vermisstenanzeige auf. Er meinte, das sei das Einzige, was ich von hier aus machen könne.

Am Donnerstagabend waren wir bei lieben Freunden eingeladen. Ich musste einfach von meinen mich schier zur Verzweiflung treibenden Sorgen erzählen. Die Freunde versuchten mich zu beruhigen: das sei ganz normal, dass sich Kinder nicht meldeten. Sechs Wochen Nordafrika ohne eine Nachricht, drei Wochen England ohne Nachricht usw. zählten offensichtlich zu den normalen Erfahrungen anderer Eltern.

Aber was sie alle nicht verstanden, hier ging es ja um meine Tochter und mit der hatte ich eine fixe Vereinbarung getroffen.

Bis plötzlich kurz nach 10 Uhr abends das Telefon ging. Die Gastgeberin stürzte herein: Eure Tochter. Ich raste zum Telefon, überglücklich, meine Tränen rannen, alles sei bestens, es ginge beiden ausgezeichnet, sie waren beide glücklich und fröhlich und ich heulte.

Am Ende des Gespräches sagte ich ihr, sie solle bitte nicht mehr anrufen! Und das gab mir dann die Möglichkeit, den Rest der Reisezeit meiner Tochter in Ruhe, Gelassenheit und innerem Frieden zu verbringen. Ich wartete nicht mehr. Dass sie dann doch noch mehrfach anrief, war eine erfreuliche Überraschung.

Nie mehr werde ich mit einem Kinde ausmachen, dass es anrufen soll! Das habe ich gelernt.

Lösungsweg:

Dadurch, dass die Mutter mit der Tochter dann das Gegenteil des Üblichen vereinbarte, nahm sie alle Ängste von sich weg. Die Mutter wartete jetzt nicht mehr auf die Anrufe und wusste, es geht der Tochter gut, solange sie nichts hört (Denkanstöße 1, 9).

V. 444 Denkanstöße

Robert Jungk, der Schriftsteller und Zukunftsforscher, zitiert in der Computer-Zeitschrift „micro" aus einem Kalender des Jahres 1984 eine Aufforderung an den Leser: „Tu das, was der Computer nicht kann! Sei kein Computer, sei ein Mensch!"

Aber dennoch, gerade auf dem Weg zur umfassenden Kreativität, die nicht logisch ist, gibt es wieder eine „Logik der Kreativität", die zwar nicht Ersatz für Kreativität sein kann, aber in die Richtung weist, die es auch einem Ungeübten erleichtern kann, kreative Gedanken zu entwickeln.

Oft ist auch ein Problem zu wenig bekannt und analysiert, oft ist nicht einmal die Lösungsrichtung bekannt. Vor der Erfindung des Rades hat vielleicht niemand daran gedacht, dass so etwas wie das Rad überhaupt erfunden werden könnte.

Der Kern aller neuen Ideen liegt im Übernehmen, Hinzufügen, Kombinieren oder Verändern von alten Ideen.

Kreativität bedeutet in der Regel, dass mir plötzlich etwas einfällt. Es handelt sich also um etwas, das nicht berechenbar, nicht planbar, nicht logisch ist. Etwas, das zumindest derzeit der Computer nicht kann, denn für die Auswertung und Beurteilung der vom Computer ausgeworfenen Ergebnisse ist wieder der Mensch notwendig.

In der folgenden Liste sind einige Denkanstöße zu kreativem Denken, also für neue Ideen, zusammengeschrieben, bewusst nicht logisch geordnet, ein Gedanke manchmal im Widerspruch zum anderen, einige Gedanken sich in anderen Formulierungen wiederholend.

Immer, wenn dabei von „es" die Rede ist, versteht man darunter das jeweilige Problem, die jeweilige Situation, den betreffenden Gegenstand, die betreffende Handlung etc.

Und immer, wenn dabei vom „Gesprächspartner" die Rede ist, kann man stattdessen auch die Worte Partner, Verhandlungspartner, Gegner, Gegenseite, Verhandlungsgegner, Gegenpartei etc. einsetzen.

Sie werden bei der Lektüre der folgenden Liste mit den Denkanstößen feststellen, dass nur ganz wenige Denkanstöße direkt auf Ihr Problem übertragbar sind. Damit aber möglichst viele Leser für ihr Problem einen Lösungsansatz finden, wurde die Liste sehr umfangreich gestaltet.

Wichtig ist also, dass Sie Ihr konkretes Problem anhand jeder Anregung durchdenken, das Ergebnis eventuell laut formulieren und auch von diesem Ergebnis weitere Gedanken entwickeln.

Je genauer die Liste durchgearbeitet wird, desto größer ist die Wahrscheinlichkeit, passende Denkanstöße zu finden.

Wenn Sie die folgenden Denkanstöße durchgelesen haben, werden Ihnen sicher sehr viele Denkanstöße als völlig unanwendbar für Ihr Problem erscheinen, ja sogar im wörtlichen Sinn „undenkbar", weil sie nicht einmal im Entferntesten mit Ihrem Problem in Beziehung gesetzt werden können.

Das macht nichts. Konzentrieren Sie sich auf die Denkanstöße, die bei Ihrem Problem angewandt werden könnten.

Und wenn auch nur ein Denkanstoß Anlass für eine bessere Lösung, vielleicht überhaupt für eine Lösung Ihres Problems ist, dann kann dieser einzige Denkanstoß für Sie vielleicht lebensrettend sein, so wie im Beispiel Nr. 64: „Die Feuersbrunst auf der Insel".

Also, um kreative Lösungen zu finden, kann es vielleicht weiterhelfen, wenn ich

1. das Gegenteil mache,
2. die Lösung außerhalb des Problems suche,
3. das eigene Problem zum Problem des anderen mache,
4. den Nachteil als einen Vorteil sehe,
5. das Ende an den Anfang stelle,
6. von dem ausgehe, was übrig ist,
7. weit weg liegende Anwendungsmöglichkeiten suche,
8. meine Ansicht zum Problem ändere,
9. das Gegenteil von dem tue, was man von mir erwartet,
10. die Position des anderen einnehme,
11. überlege, was geschehen müsste, damit es geht,
12. den eigenen Fehler in den Vordergrund stelle,
13. Situationen aus dem bäuerlichen Bereich heranziehe,
14. eine unbedeutende Begleiterscheinung für besonders wichtig erkläre,
15. einen Zusammenhang herstelle mit Sachen, die gar nichts mit dem Problem zu tun haben,
16. so reagiere, als ob etwas anderes vorgefallen wäre,
17. alles in möglichst viele Teile zerlege,
18. den Sachverhalt von oben nach unten wende,
19. statt Harmonie einen Gegensatz anstrebe,
20. etwas preisgebe und opfere,
21. überlege, wie weit weg es liegen soll,
22. es anders mache als andere,
23. es verkürze,
24. einen neuen Bezugspunkt hineinbringe,
25. überlege, ob andere Personen in der Lage sind, mir behilflich zu sein,
26. überlege, wie ich früher darauf reagiert hätte,
27. eine Ersatzlösung suche für das, wie es jetzt ist,
28. überlege, wie andere Personen in einer ähnlichen Lage früher reagiert haben,
29. das Problem auf andere Weise formuliere,

Vielleicht kann es weiterhelfen, wenn ich

30. mehrere Lösungen oder Denkanstöße miteinander kopple,
31. Situationen aus der Natur heranziehe,
32. das Problem schriftlich definiere,
33. nicht in Hindernissen, sondern in Lösungen denke,
34. mir eine Lösung zu einer anderen Jahreszeit vorstelle,
35. nach dem „Warum“ frage,
36. ein neues Problem aus einer Nebensächlichkeit mache,
37. das Übliche zum Außergewöhnlichen erkläre,
38. kleine Veränderungen gegenüber dem bisher Üblichen verwende,
39. etwas mache, was üblicherweise andere tun,
40. es fest miteinander verbinde,
41. den Gesichtspunkt des anderen ändere,
42. eine Situation ins Extreme treibe,
43. prüfe, ob ich die Situation einseitig umdeuten kann,
44. überlege, mit welcher Art von Menschen ich es zu tun habe,
45. überlege, warum es jetzt geschehen soll,
46. überlege, wann sich das Problem spätestens von selbst löst,
47. das Ziel durch ein anderes Ziel von ähnlichem Wert ersetze,
48. die Zeit verlängere,
49. überlege, was geschieht, wenn ich gar nichts mache,
50. alle konventionellen Lösungsmöglichkeiten aufschreibe,
51. abschaue, wie es die anderen machen,
52. den anderen veranlasse, dass er sein Problem ändert,
53. prüfe, welche Mittel ich benötigen würde, um die Situation so zu ändern, dass sie mir passt,
54. überlege, ob ich etwas verschenken soll,
55. den Ort der Gespräche verlege,
56. öfters den gleichen Weg gehe,
57. es öfters mache,
58. auf gleiche Weise reagiere wie der andere,
59. auf das gestellte Problem übertrieben eingehe,

Vielleicht kann es weiterhelfen, wenn ich

60. nach dem „Warum nicht“ frage,
61. Situationen aus der Wirtschaft heranziehe,
62. es dünner mache,
63. monatlich wechsle,
64. ein wenig davon verschenke,
65. es in sich lockere,
66. das mache, wovor ich Angst habe,
67. prüfe, was mich daran hindert, mich der Situation anzupassen,
68. weniger nehme,
69. das Unübliche betone,
70. überlege, was in anderen Ländern geschieht,
71. versuche, alle Dinge in meiner Sichtweite in eine Beziehung zum Problem zu stellen,
72. prüfe, wie die Situation so umgestaltet werden kann, dass beide davon profitieren,
73. jemanden Dritten als Gegner sehe,
74. mögliche zukünftige Entwicklungen als bereits fest gegeben betrachte,
75. mit jemandem darüber spreche,
76. Lösungen aus der Natur heranziehe,
77. Bestehendes aus dem gewohnten Zusammenhang herauslöse und neu sortiere,
78. prüfe, ob ich das Problem einseitig ändern kann,
79. überlege, wie meine Eltern oder Großeltern das Problem gelöst hätten,
80. prüfe, seit wann es sein sollte,
81. die eigene Schwäche in den Vordergrund stelle,
82. prüfe, ob es zum Ziel führen kann, bewusst etwas falsch zu machen,
83. überlege, in welche Richtung es liegen soll,
84. prüfe, wie oft es sein soll,
85. prüfe, für wie lange es sein soll,
86. auch nicht betroffene Personen einbeziehe,
87. es flüssig mache,

Vielleicht kann es weiterhelfen, wenn ich

88. eine sechseckige Gestalt verwende,
89. einen Teil des Sachverhaltes als nicht existent betrachte und ausklammere,
90. überlege, wie das Problem in einer Familie gelöst werden würde,
91. immer wieder das Gleiche sage,
92. überlege, was die Bedürfnisse des Gesprächspartners sind,
93. den Gesprächspartner dort abhole, wo er ist,
94. mich frage, ob es voll ist,
95. überlege, wohin,
96. nach dem „Wozu“ frage,
97. prüfe, ob ich das Hindernis umgehen kann,
98. prüfe, ob ich das Hindernis an der schwächsten Stelle angreifen soll,
99. es verdopple,
100. durch dauerndes Zusenden lästig werde,
101. alles in möglichst einzelne individuelle Schritte zerlege,
102. es schmäler mache,
103. es in der Nacht mache,
104. dem was gesagt wurde, eine andere Bedeutung zuordne,
105. kläre, ob ich das Problem mathematisch darstellen kann,
106. Tatsachen verdrehe,
107. es nur einmal täglich mache,
108. es durch den Einsatz anderer Mittel oder Werkzeuge lösen kann,
109. den Wert nachher vermindere,
110. eine Schwellung anbringe,
111. alles nehme,
112. das Problem aus dem Blickpunkt des anderen betrachte,
113. es größer mache,
114. es halbiere,
115. es bei der Lösung beschädige,
116. eine andere Verpackung wähle,
117. es erhitze,

Vielleicht kann es weiterhelfen, wenn ich

118. es kühle,
119. ein anderes Material verwende,
120. eine runde Gestalt verwende,
121. nur zwei nehme,
122. es breiter mache,
123. es beschleunige,
124. prüfe, ob ich einzelne Bestandteile verändern kann,
125. daran denke, wie einzelne meiner Bekannten entscheiden würden,
126. daran denke, wie Leute entscheiden würden, die ich gestern getroffen habe,
127. mir in Gedanken genau vorstelle, wie das Ergebnis des gelösten Problems sein sollte,
128. das Problem lächerlich mache,
129. etwas Altes nehme,
130. eine möglichst vollständige Liste aller Fakten schriftlich zusammenstelle,
131. versuche, alles, was ich lese, insbesondere in Zeitungen, in eine Beziehung zum Problem zu stellen,
132. es verlängere,
133. es dicker mache,
134. prüfe, wie schnell es sein soll,
135. es drehbar mache,
136. meine Forderung nachträglich erhöhe,
137. es selber mache,
138. nachdenke, was ein Kind tun würde,
139. prüfe, ob ein anderer zeitlicher Ablauf möglich ist,
140. etwas Neues nehme,
141. überlege, was das Schlimmste ist, was dabei passieren kann,
142. es höher mache,
143. die beteiligten Personen ändere,
144. eine Vertiefung anbringe,
145. einen Vergleich bringe,

Vielleicht kann es weiterhelfen, wenn ich

146. statt auf die Tatsachen auf die dahinter liegenden Ideen achte,
147. überlege, was die schwierigste Lösung ist,
148. etwas Billigeres nehme,
149. prüfe, ob jetzt der beste Zeitpunkt ist,
150. es für etwas anderes verwende,
151. es tragbar mache,
152. eine provisorische Regelung vorschlage,
153. kläre, ob ich das Problem als Zeichnung darstellen kann,
154. es leichter mache,
155. es kopiere,
156. es verkaufe,
157. überlege, wann das Problem zum ersten Mal aufgetaucht ist,
158. auf meiner Seite einen anderen Gesprächspartner einsetze,
159. die Verhandlungen abbreche,
160. nach den Interessen der Verhandlungspartner frage,
161. überlege, ob es Branchen gibt, die ähnliche Probleme haben,
162. etwas nachahme,
163. mir eine Parodie, eine Karikatur vorstelle,
164. es schwerer mache,
165. bewusst etwas falsch aufschreibe
166. etwas Teureres nehme,
167. das Unbewegliche beweglich mache,
168. das Ganze als Spiel betrachte,
169. den Gesprächspartner zu etwas einlade,
170. mich frage, ob es leer sein muss,
171. es langsamer mache,
172. das Ziel schriftlich formuliere,
173. mit dem Gesprächspartner ein gemeinsames anderes Projekt mache,
174. an Ort und Stelle gehe,
175. mich frage, ob es leer ist,

Vielleicht kann es weiterhelfen, wenn ich

176. versuche, mit einem anderen Gesprächspartner auf der Gegenseite weiter zu verhandeln,
177. alles durcheinander mische,
178. es durchsichtig mache,
179. es kleiner mache,
180. den Kreis der Betroffenen erweitere,
181. Verwirrung verbreite,
182. die Entscheidung überhaupt ablehne,
183. die Vorschläge der Gegenseite annehme,
184. es farbiger mache,
185. alle möglichen Entscheidungen teste,
186. überlege, wie ich das Problem einem Unbeteiligten erklären würde,
187. prüfe, ob das Problem mit viel Geld gelöst werden könnte,
188. durch dauerndes Nachfragen lästig werde,
189. es fahrbar mache,
190. ausspreche, wie ich die Sache sehe,
191. überlege, wie ich die besten Alternativen des Gesprächspartners ausschalten kann,
192. überlege, welche Lösung für beide die meisten Vorteile bringen würde,
193. prüfe, ob Gewaltanwendung zum Ziele führt,
194. das Problem mit Humor löse,
195. es probeweise mache,
196. es aufspalte,
197. den Gesprächspartner frage, was er empfehlen würde,
198. die Nachteile aufzeige,
199. es wiederhole,
200. etwas mache, was Tiere machen,
201. den Klang ändere,
202. die Maßeinheit ändere,
203. Bilder bringe,
204. mich frage, ob es voll sein muss,

Vielleicht kann es weiterhelfen, wenn ich

205. zeige, welche Nachteile die Gesprächspartner unter der von ihnen vorgeschlagenen Situation haben würden,
206. mehr nehme,
207. darauf hinwirke, dass beide die Entscheidung an einen Dritten delegieren,
208. die vorhandene Bezeichnung ändere,
209. dem anderen mitteile, dass ich ihm voll vertraue,
210. etwas mache, was Kinder machen,
211. durch zusätzlichen Geldaufwand aus dem Verlust einen Gewinn mache,
212. dem anderen meine Position überlasse,
213. vom Problem ablenke,
214. die Situation verschlechtere,
215. prüfe, ob der andere eventuell das Gegenteil von dem macht, was ich erwarte,
216. prüfe, ob der andere etwas verschenkt,
217. Situationen aus dem täglichen Leben heranziehe,
218. es niedriger mache,
219. es einzeln verrechne,
220. etwas mache, was nur andere machen dürfen,
221. so handle, dass die Eitelkeit des anderen befriedigt wird,
222. mir überlege, wie die nächsten 5 Tage ablaufen werden,
223. prüfe, ob ich durch dauerndes Wiederholen etwas erreiche,
224. eine ovale Gestalt verwende
225. etwas mache, was Pflanzen machen,
226. überlege, wer mich von dritter Seite unterstützen könnte,
227. es jetzt zerstöre,
228. überlege, wem ich mehr vertraue,
229. es dem anderen abkaufe,
230. auf die bevorstehenden Probleme hinweise,
231. prüfe, ob es zur Lösung führt, wenn beide gleich viel nachgeben,
232. vorschlage, dass man sich in der Mitte trifft,

Vielleicht kann es weiterhelfen, wenn ich

233. überlege, ob es hilft, wenn einer teilt, der andere wählt,
234. anrege, dass das Ergebnis erwürfelt wird,
235. es anders bezeichne,
236. nur einen Teil des Namens verwende,
237. einzelne Buchstaben weglasse oder verändere,
238. die Sitzordnung das nächste Mal verändere,
239. alle Beteiligten in die Lösung einbinde,
240. überlege, ob es irgendwo anders stattfinden kann,
241. jeden den Wert seiner Sache selbst festlegen lasse,
242. einen Teil voraus gebe,
243. so tue, als ob ein anderes Problem dazugekommen wäre,
244. die Entscheidung an jemanden Dritten delegiere,
245. eine zweite Person zu den Verhandlungen mitnehme,
246. es mit einem zusätzlichen Angebot von etwas anderem verbinde,
247. es trockener mache,
248. es einfriere,
249. den Gesprächspartner in die Arbeit und Abwicklung einbinde,
250. die normalen Orte der handelnden Personen tausche,
251. es für etwas Neues verwende,
252. den Wert meines Angebotes täglich reduziere,
253. es verharmlose,
254. es in der Zusammensetzung ändere,
255. die Zuständigkeiten ändere,
256. nach den Erfahrungen des Gesprächspartners in derartigen Situationen frage,
257. untertreibe,
258. es mit verschiedenen Verfahren kombiniere,
259. es mit verschiedenen Dienstleistungen kombiniere,
260. überlege, wer mir als Verbündeter helfen kann,
261. gemeinsam mit dem Gesprächspartner an der Lösung arbeite,
262. den Namen des Gesprächspartners irgendwo verewige,

Vielleicht kann es weiterhelfen, wenn ich

263. dem Gesprächspartner seine Realität deutlich vor Augen halte,
264. dem Gesprächspartner mitteile, dass ich kein Geld habe, um höher zu gehen,
265. dem Gesprächspartner vorne weg bereits einige Geldscheine hingebe,
266. es vorher zerstöre,
267. den Wert vorher vermindere,
268. es so gestalte, dass es zurückgenommen werden kann,
269. es so mache, dass es erst später eintritt,
270. es unter die Oberfläche verlege,
271. es so mache, dass es erst morgen eintritt,
272. es verleihe,
273. in einen Zug einsteige,
274. es anders färbe,
275. überlege, ob es besser riechen kann,
276. etwas verspreche,
277. die Kritik auf jemand anderen beziehe,
278. statt Geld einen Sachwert verlange,
279. den Gesprächspartner absichtlich missverstehe,
280. übertreibe,
281. einzelnen Worten eine andere Bedeutung gebe,
282. neue Elemente hineinbringe,
283. fünf Minuten warte,
284. beim Gesprächspartner Emotionen wecke,
285. den Gesprächspartner frage, was ihm besondere Freude machen würde,
286. mir die Gefühle des Gesprächspartners vorstelle,
287. schweige,
288. die Situation einfach nur beobachte,
289. überlege, wie die nächsten Generationen entscheiden würden,
290. überlege, wie ich rein gefühlsmäßig entscheiden würde,
291. nachdenke, welche Entscheidung ich vor 10 Jahren getroffen hätte,
292. nachdenke, ob sich deshalb ein Konflikt rentiert,

Vielleicht kann es weiterhelfen, wenn ich

293. nachdenke, welche Auswirkungen der Konflikt auf anderen Ebenen haben kann,
294. auf mein Unterbewusstsein höre,
295. auf die Hobbys des Gesprächspartners eingehe,
296. dem Gesprächspartner aufzeige, welche Vorteile er erhält,
297. den Wert meines Angebotes wöchentlich reduziere
298. es vermiete,
299. überlege, wie das Problem entstanden ist,
300. dem Gesprächspartner Teile der Ausführung übertrage,
301. die Ängste des Gesprächspartners ernst nehme,
302. neu starte,
303. an die Verantwortung des Gesprächspartners appelliere,
304. eine Zigarette anbiete,
305. einen anderen Ort anbiete,
306. die Reihenfolge ändere,
307. eine eckige Gestalt verwende,
308. es von rückwärts ansehe,
309. den Gesprächspartner in mein Problem einbinde,
310. darunter durch fahre,
311. etwas zum Essen anbiete,
312. die Zeit verkürze,
313. das Bewegliche unbeweglich mache,
314. die Situation so ändere, dass sie mir passt,
315. es schiebbar mache,
316. etwas dazunehme,
317. es so mache, dass es nicht zurückgenommen werden kann,
318. es im Ausland realisiere,
319. mehrere Redner Kurzvorträge halten lasse,
320. eine Seilbahn benütze,
321. betone, dass ich selber Schuld an der Entstehung des Problems bin,
322. meine Wehrlosigkeit herausstelle,

Vielleicht kann es weiterhelfen, wenn ich

323. den Gesprächspartner frage, was er an meiner Stelle tun würde,
324. dem Gesprächspartner einen Gutschein gebe,
325. es billiger abgebe,
326. warte, ob der Gesprächspartner Fehler macht,
327. den Gesprächspartner mit einer anderen Frage vom Thema wegführe,
328. nachdenke, mit welcher Entscheidung ich in 20 Jahren am glücklichsten sein würde,
329. prüfe, ob es nicht vielleicht doch geht, obwohl der Gesprächspartner „Nein" sagt,
330. prüfe, ob in diesem Fall der Angriff die beste Verteidigung ist,
331. ungenaue Begriffe verwende, die eine mehrfache Interpretation zulassen,
332. ganz schnell auf die Emotionen des Gesprächspartners reagiere,
333. die Entscheidung einem Dritten aber innerhalb eines Rahmens übertrage,
334. den Gesprächspartner zwei gleich gute Lösungen zusammenstellen lasse, von denen ich eine auswählen kann,
335. ein Beispiel bringe,
336. überlege, ob ich es einzeln verrechnen kann,
337. nachdenke, ob ein Teil der Schuld bei mir liegt,
338. prüfe, wie ich es gemacht hätte, wenn ich es vorher gewusst hätte,
339. überlege, ob das „Nein" des Gesprächspartners endgültig ist,
340. überlege was ich machen kann, damit aus dem „Nein" ein „Ja" wird,
341. prüfe ob es überhaupt nicht gehen kann,
342. überlege, ob eine örtliche Veränderung hilft,
343. auf und ab gehe,
344. ein vertrautes Stück übergebe,
345. drohe, es zu vernichten,
346. dem Gesprächspartner das Gefühl gebe, er ist etwas Besonderes,
347. die Bezugsgrößen ändere,
348. die Währung ändere,
349. vorschlage, das Los entscheiden zu lassen,

Vielleicht kann es weiterhelfen, wenn ich

350. es verschenke statt verkaufe,
351. dem Verhandlungspartner einfach zuhöre,
352. vorschlage, es zu versteigern,
353. vom anderen verlange, was er von mir erwartet,
354. auf einem entfernt liegenden Bereich aktiv werde,
355. eine symbolische Handlung setze,
356. die gleichen Worte wähle wie mein Gesprächspartner,
357. freiwillig eine zusätzliche Leistung erbringe,
358. so handle, als ob der Gesprächspartner höhere Vollmachten hätte,
359. dem anderen einen neuen Namen oder Titel gebe,
360. den anderen um etwas bitte, zu was er überhaupt nicht verpflichtet ist,
361. ganz schnell handle,
362. Probleme hintereinander löse,
363. dem Gesprächspartner eine Lösung anbiete, bei der er einen noch größeren Vorteil hat,
364. übertreibe und das schriftlich festhalte,
365. es als unwichtig bezeichne,
366. den Namen oder die Bezeichnung ändere,
367. dem Gesprächspartner etwas zum Essen oder Trinken bringen lasse,
368. den Gesprächspartner erst essen und trinken lasse, wenn die Lösung erreicht ist,
369. eine Wette vorschlage,
370. den Gesprächspartner besuchen fahre,
371. eine längere Garantiezeit anbiete,
372. eine Liegenschaft tausche,
373. statt Schadenersatz eine langfristige Geschäftsbeziehung vorschlage,
374. es zur Ansicht kostenlos zur Verfügung stelle,
375. mich dafür bezahlen lasse, dass jemand für mich arbeiten darf,
376. jetzt schon das mache, was ich bei Nichteinigung tun würde,
377. den Schaden durch ein Geschenk ausgleiche,
378. etwas vom Gesprächspartner will, von dem er genug hat,
379. dem Gesprächspartner meine Gefühle vermittle

Vielleicht kann es weiterhelfen, wenn ich

380. vorschlage, statt der Einstimmigkeit für die Zustimmung, die Einstimmigkeit für Ablehnungen einzuführen,
381. dem Gesprächspartner die Möglichkeit gebe, mich Tag und Nacht für Beschwerden zu erreichen,
382. erkläre, dass es mir nur geschenkt, aber von mir nicht gekauft werden kann,
383. überlege, was ich stattdessen anbieten oder fordern kann,
384. jedem mehrere gebe,
385. den Gesprächspartner frage, wie ich ihn mehr einbinden kann,
386. akzeptiere, dass das Ergebnis als Arbeit des Gesprächspartners bekannt gegeben wird,
387. mich entschuldige,
388. Blumen schenke,
389. das Gemeinsame betone,
390. versuche, das Problem gemeinsam mit dem Gesprächspartner zu zeichnen,
391. immer wieder auf eine bestimmte Frage zurückkomme,
392. zwischen den Personen auf Seiten des Gesprächspartners bewusst die Unterschiede wahrnehme,
393. überlege, ob es beim Gesprächspartner Hintermänner gibt,
394. den Gesprächspartner als gleichberechtigt sehe,
395. nicht erreichbar bin,
396. eine Geschichte aus meiner Familie erzähle,
397. die Vorteile für beide Seiten aufzeige,
398. nach dem Hauptanliegen des Gesprächspartners frage,
399. Präzedenzfälle zitiere,
400. versuche, objektive Kriterien zu finden,
401. ein Gutachten in Auftrag gebe,
402. den Gesprächspartner frage, weshalb er gerade auf diesen Preis kommt,
403. an die Fairness des Gesprächspartners appelliere,
404. mich auf die Interessen des Gesprächspartners konzentriere,

Vielleicht kann es weiterhelfen, wenn ich

405. den Gesprächspartner frage, weshalb er seinen Vorschlag als fair betrachtet,
406. dem Gesprächspartner sage, dass sein Vorschlag bereits in einem fairen Rahmen liegt, aber noch verbessert werden soll,
407. es einzeln tue,
408. Probleme in Teilschritte zerlege,
409. alles in einen anderen Raum verlege,
410. überlege, welche Probleme hinter den Forderungen des Gesprächspartners stehen,
411. den Gesprächspartner frage, wie er auf diesen Vorschlag kommt,
412. den Gesprächspartner frage, was er damit erreichen will,
413. den Gesprächspartner zu Hause aufsuche,
414. den Alltag mit dem Gesprächspartner teile,
415. den Gesprächspartner bitte, seinen Standpunkt zu wiederholen,
416. die vom Gesprächspartner angewandte Taktik anspreche und aufdecke,
417. den Gesprächspartner darauf hinweise, dass die Frage richtigerweise anders lauten müsste, nämlich,
418. den Gesprächspartner frage, weshalb er den wahren Sachverhalt aus meiner Sicht nicht hören will,
419. den Gesprächspartner einfach anlächle,
420. überlege, wie viele mögliche Lösungen es sonst noch gibt,
421. versuche, mein Ziel des Gesprächs schriftlich zu formulieren,
422. überlege, wer letztlich der Stärkere sein wird,
423. etwas anderes anziehe,
424. meinen Sitzplatz ändere,
425. überlege, was meine beste Alternative ist, wenn es scheitert,
426. weitere Fragen stelle,
427. zu einzelnen Punkten nachfrage,
428. um weitere Unterlagen bitte,
429. bisherige Ergebnisse zusammenfasse,
430. alle bestehenden Probleme auf eine Liste aufschreibe,

Vielleicht kann es weiterhelfen, wenn ich

431. mir überlege, was die ärgsten Konsequenzen der schlechtesten Lösung wären,
432. prüfe, ob ich die Ausgangssituation ändern kann,
433. überlege, was meine wirklichen Prioritäten sind,
434. den Gesprächspartner als ersten Ziffern nennen lasse,
435. mich immer wieder frage, was für den Gesprächspartner wichtig ist,
436. versuche, die Gründe für den Widerstand des Gesprächspartners herauszufinden,
437. mich zum Überlegen zurückziehe,
438. an die Seite des Gesprächspartners trete,
439. dem Gesprächspartner so oft wie möglich zustimme ohne ihm nachzugeben,
440. viele Fragen stelle, die der Gesprächspartner mit ja beantworten kann,
441. den Gesprächspartner frage, was wäre, wenn,
442. den Gesprächspartner um Rat frage,
443. mich dumm stelle,
444. wütend werde.

VI. Zum Abschluss noch einfach zum Nachdenken

Es sind nun Wege und Beispiele aufgezeigt worden, wie die Kreativität jedes einzelnen verbessert werden kann.

Neben diesen Hilfsmitteln darf aber nie vergessen werden, dass man die intuitive Fantasie und Vorstellungskraft, die schöpferische Gabe jedes Menschen, also die ursprüngliche Befähigung, keineswegs gering einschätzen darf, sondern dass sie die Krönung der Kreativität sind, so wie wir es bei begnadeten Schriftstellern und Künstlern erleben dürfen.

Wir dürfen also nicht vergessen, dass die Liste der Denkanstöße und die Beispiele in den vorhergehenden Abschnitten nur ganz kleine Anstöße für jene sind, die das Gefühl haben, dass sie sich schwer tun, ihre Kreativität wirklich zur vollen Entfaltung zu bringen.

Denn eigene Fantasie und Vorstellungskraft sind wesentlich wichtiger als die rationale Aufbereitung des Wissens durch die vorliegenden Denkanstöße und Beispiele.

In eindrucksvoller Weise hat dies Univ.-Prof. Dr. Hans-Bernhard Meyer SJ bereits vor über 20 Jahren in seinem Artikel über „Phantasieentfaltung oder Lernprozeß?" (Präsent 3. Mai 1979) formuliert, aus dem einige Auszüge folgen:

> „Der fast ausschließlich auf seine Vernunft bauende Mensch verläßt sich ganz auf sein Wissen und mißtraut seiner Phantasie. Er strebt nach Kenntnissen und läßt seine Vorstellungskraft und Erfindungsgabe verkümmern, ohne zu merken dass er durch diese Einseitigkeit an Substanz verliert.
>
> Daß junge Menschen unter dem Druck der vorherrschenden Vorstellungen über die Rangordnung der Werte nicht mehr dazukommen, sich selbst zu finden, sich als Persönlichkeit mit Vorstellungskraft, Erfindungsgabe und manchen anderen Fähigkeiten, die nicht auf der verstandesmäßigen Ebene liegen, zu entdecken, hat negative Konsequenzen – sowohl für den einzelnen als auch für die Gemeinschaft; Konsequenzen, die erst allmählich erkannt werden.
>
> Daß in den heranwachsenden Generationen, die man so intensiv unter Leistungsdruck stellt, echte und unbefangene Lebensfreude mehr und mehr verloren geht, nimmt man nun mit Betroffenheit wahr.

In einer Gesellschaft von Rationalisten findet man wenig Gespür für wahre Kreativität. Die Überbetonung des Intellektuellen macht sich besonders auf dem Kultursektor bemerkbar. Man ist nur noch bedingt fähig, schöpferisch zu sein und in ein Werk Erfahrungen einzubringen, für die Intuition und Phantasie Voraussetzung sind, man produziert nach rationalen Gesichtspunkten.

Deshalb sind all die Objekte, Experimente, Darstellungen, Produktionen, die das Charakteristische der modernen Kunst ausmachen, bestenfalls interessant, sprechen aber in den seltensten Fällen den ganzen Menschen an, sondern wenden sich nur an seinen Verstand; sie haben zu wenig Substanz, um betroffen zu machen, sondern lassen kalt.

Daß uns die Überbewertung der Verstandeskräfte auf einen falschen Weg gebracht hat, haben viele schon erfaßt und bezeichnenderweise ist man bereits daran gegangen, das Problem wissenschaftlich zu untersuchen und wissenschaftliche Methoden zu entwickeln, um es zu lösen.

Anstatt auf den intuitiv schöpferischen Geist zu bauen, der in jedem Menschen lebendig ist, der Raum und Gelegenheit zur Entfaltung braucht, sollen nun Phantasie, Spontaneität, Kreativität in einem systematischen Lernprozeß „eingeübt“ werden: freie Phantasieentfaltung nach einer wiederum – was sonst – streng rational erarbeiteten Methode mit Lernelementen, Reflexion, Supervision, Gruppenarbeit, mit Selbstanalyse, Selbstdarstellung, Feedback und Diskussion – weit hat uns die Wissenschaftsgläubigkeit gebracht!

Aus der Sackgasse des Rationalismus finden wir auf diese Weise gewiß nicht; vielmehr laufen wir Gefahr, dass wir uns vom mit schöpferischen Fähigkeiten begabten Menschen weg zum nach Programm funktionierenden Computer hin entwickeln, dem es nicht mehr möglich ist, Zugang zu der ihm innewohnenden Kreativität zu finden.“

Ganz in diesem Sinne wünsche ich Ihnen, dass das vorliegende Buch für Sie eine Erleichterung bei Ihrer beruflichen und persönlichen Arbeit mit Ihrer Kreativität bietet und dass Sie sich dann von der rationalen Methode mit der Liste der Denkanstöße und der Beispiele wieder frei machen und mit der Ihnen ureigenen Fantasie und Kreativität schöpferisch Ihr weiteres Leben gestalten.

Dabei wünsche ich Ihnen viel Freude.

VII. Nachweis der Fundstellen

Beispiel 1: Fernsehinterview mit Hermann J. Abs aus Anlass seines 80. Geburtstages am 24. Juli 1981; Brockhaus Enzyklopädie 1996, 13. Band, Seite 549

Beispiel 2: Mitgeteilt von Eckart Stevens – Bartol, Landessozialgericht München, im Rahmen der Verhandlungs- und Mediationstage des Dr. Otto Schmidt Verlages am 6. Dezember 1997 in Köln

Beispiel 3: Robert Mayer: Der Verhandlungskünstler, Seite 128f

Beispiel 7: Mitgeteilt von Mag. Johannes Greiter (24. 2. 1948–22. 10. 2000), Birgitz bei Innsbruck, am 9. September 2000

Beispiel 8: wie Beispiel 3, Seite 130

Beispiel 9: Mündliche Mitteilung von RA Dr. Max Urbanek, St. Pölten, am 7. Oktober 2000

Beispiel 15: Fernsehinterview wie Beispiel 1; Manfred Pohl, „Hermann J. Abs, eine Bildbiographie", Verlag v. Hase & Koehler, Mainz 1981, Seite 32

Beispiel 17: Gerald Aichner: Josef Posch – Mein Hall, Beitrag von Hofrat Dr. Günter Sterzinger, Seite 129

Beispiel 18: Paul Watzlawick, John H. Weakland, Richard Fisch, „Lösungen", Verlag Hans Huber, Bern-Stuttgart-Wien 1974, Seite 131

Beispiel 19: Reiner Ponschab – Adrian Schweizer: „Kooperation statt Konfrontation, Neue Wege anwaltlichen Verhandelns", Seite 157

Beispiel 20: wie Beispiel 3, Seite 129

Beispiel 21: wie Beispiel 18, Seite 130

Beispiel 22: Persönliche Mitteilung von Präsident Dr. Karl Kohlegger, Innsbruck, an den Autor im Juli 1990

Beispiel 23: Mitteilung von Hofrat Dr. Ansgar Rudisch, Schönberg im Stubaital vom 28. Dezember 1999

Beispiel 24 Der Große Polyglott Israel-Reiseführer, Polyglott-Verlag, München 1988/89, Seite 101

Beispiel 25	William L. Ury „Schwierige Verhandlungen", Seite 161; Dr. H.-Georg Macioszek „Chruschtschows dritter Schuh", Seite 32
Beispiel 26	Präsent, ca. 1980
Beispiel 27	Mitgeteilt bei der Delegiertentagung der Deutschen Handelskammer in Österreich am 16. Jänner 1987 im Rahmen des Roundtablegespräches: „Der kreative Unternehmer" in Igls/Tirol
Beispiel 28	Dr. H.-Georg Macioszek: „Chruschtschows dritter Schuh", Seite 63
Beispiel 29	Die Furche, 24. Dezember 1998, Seite 5, Monika Kunit: „Umweltmediation – Konflikte lösen am runden Tisch"
Beispiel 30	Mitgeteilt von Rechtsanwalt Dr. Harald Burmann, Innsbruck, am 29. Juli 1999
Beispiel 34	William L. Ury: „Schwierige Verhandlungen", Seite 93 f.
Beispiel 35	Vortrag von Dr. H.-Georg Macioszek am 15. November 1999 im Rahmen einer internen Vortragsveranstaltung der Innsbrucker Rechtsanwaltskanzlei Greiter, Pegger, Kofler & Partner; Brockhaus – Die Enzyklopädie, 20. A., Stichwort Falklandkrieg
Beispiel 36	wie Beispiel 34, Seite 171; Brockhaus: „Die Enzyklopädie", 20. Auflage, 3. Band, Seite 160
Beispiel 38	Trend, Juni 1987, Seite 189; Kurier, 24. März 1997, Seite 14
Beispiel 39	Mündliche Information durch den Vizepräsidenten des Landesgerichtes Innsbruck, Dr. Rudolf Riccabona, am 23. August 2000.
Beispiel 40	wie Beispiel 3, Seite 25 f.
Beispiel 41	General Emile Béthouart: „Die Schlacht um Österreich" Hiro Production International, 1960, Seite 101 f.
Beispiel 43	Univ.-Prof. Dr. Fritjof Haft in seinem Festvortrag am 17. April 1999 anlässlich des 50-jährigen Jubiläums der Rechtsanwaltskanzlei Dr. Wrede in Prien am Chiemsee
Beispiel 44	wie Beispiel 18, Seite 103
Beispiel 46	Nach Dr. Walther Gottwald: „Verhandeln als juristische Fertigkeit", Manuskript seines Vortrages in der Kanzlei Dr. Ivo Greiter und Dr. Friedrich Schwank am 31. Mai 1985, Österreichische Juristen-Zeitung 1985, Seite 681.

Beispiel 47	Vortrag von Univ.-Prof. Dr. Fritjof Haft: „Verhandeln statt prozessieren“ in Dokumentation zur Feier 100 Jahre Rechtsanwaltskanzlei 1897–1997 der Kanzlei Greiter, Pegger, Kofler & Partner in Innsbruck, Seite 49
Beispiel 48	Karl-Heinz Risto: „Du sollst dir ein Bildnis machen – Einsatz und Konstruktion von Metaphern in der Mediation“ in der Zeitschrift für Konfliktmanagement Jänner 2000, Seite 7
Beispiel 50	Fischer, Ury, Patton: „Das Harvard-Konzept: Sachgerecht verhandeln – erfolgreich verhandeln“; Seite 160; wie Beispiel 19, Seite 136
Beispiel 51	Heinrich Spoerl: „Der Maulkorb“, Paul Neff Verlag, Berlin, 1936, Seite 138f.
Beispiel 52	wie Beispiel 18, Seite 113
Beispiel 53	Mitteilung von Frau Riki Pürstinger, Amnesty International, Österreich, November 2000; Neue Zürcher Zeitung, 25. Mai 1991, Seite 32
Beispiel 55	Mitteilung von Mag. Monica B.M. Neuner vom 23. Jänner 1998
Beispiel 56	Kurier, 15. Jänner 2000, Seite 15
Beispiel 57	Johannes Kunz: „Selten so gelacht – Das 20. Jahrhundert in Witz und Anekdote“, Seite 68
Beispiel 58	Friedrich Holz: „Methoden fairer und unfairer Verhandlungsführung“, Seite 19
Beispiel 59	Wolf Ruede-Wissmann: „Satanische Verhandlungskunst und wie man sich dagegen wehrt“, Seite 239
Beispiel 60	wie Beispiel 19, Seite 66
Beispiel 61	Kurier 6. März 1994, Seite 21
Beispiel 62	Paul Watzlawick, „Münchhausens Zopf oder Psychotherapie und Wirklichkeit“, Verlag Hans Huber, Bern-Stuttgart-Toronto 1988, Seite 114 und wie Beispiel 18, Seite 116
Beispiel 63	Brockhaus – Die Enzyklopädie 1998, 16. Band, Seite 374
Beispiel 65	Heinrich Portmann, Kardinal von Galen, Verlag Aschendorf, Münster, Westf. 1948, Seite 357
Beispiel 66	wie Beispiel 19, Seite 69
Beispiel 67	Orientierung 1998/62, Seite 246, Kirche intern, April 1999, Seite 44, Die Weltwoche, 5. November 1998, Seite 11

Beispiel 68	Kurier, 12. Februar 2000, Seite 57, Daniela Davidovits: „Mit Kreativität zu den Kunden“
Beispiel 69	Publik Forum, 22. November 1996
Beispiel 72	Tiroler Tageszeitung, 19. Jänner 1974
Beispiel 74	Wirtschaftsblatt, 15. Oktober 1999, Seite E15; Tiroler Tageszeitung, 18. November 1999, Seite 19
Beispiel 75	Goldener Trend, Wien 1999, Seite 49
Beispiel 76	Universal-Lexikon in zwei Bänden, Alpha-Verlag, Köln, Seite 705
Beispiel 77	Frankfurter Rundschau, ca. 1978
Beispiel 78	Gerald Gold, „Gandhi“, Bastei-Lübke-Paperback, 1983, Seite 109, 264; Heimo Rau, „Gandhi“, rororo, 1970, Seite 84
Beispiel 79	Kurier, 2. Juni 1974
Beispiel 80	Entscheidung des österreichischen Obersten Gerichtshofes vom 12. November 1985, 4 Ob 376/85, veröffentlicht in den Österreichischen Blättern für gewerblichen Rechtsschutz 1986, Seite 48
Beispiel 81	Tiroler Tageszeitung, 12. Juni 1984, Seite 3
Beispiel 82	Dr. Hansheinz Reinprecht: „Mit Hermann Gmeiner lachen“, SOS-Kinderdorfverlag 1991; Süddeutsche Zeitung, 28. April 1986, Seite 3
Beispiel 83	Michael Le Boeuf, „Kreative Kraft: Imagination und Inspiration“, Moderne Verlagsgesellschaft, München 1988, Seite 120
Beispiel 84	Dixit–Nalebuff: „Spieltheorie für Einsteiger“, Seite 21; Brockhaus „Die Enzyklopädie“ 20. Auflage, 4. Band, Seite 566
Beispiel 85	Persönliche Mitteilung von Dipl.-Kfm. Peter Loewit, Tiroler Landesreisebüro, im September 1990
Beispiel 86	ainfo Juni 2000, Seite 12
Beispiel 87	wie Beispiel 28, Seite 25 und Beispiel 34, Seite 37
Beispiel 88	wie Beispiel 18, Seite 9
Beispiel 90	Tiroler Tageszeitung vom 25. Mai 1991, Seite 51; Echo Nr. 4/2000, Seite 73; Gaismair Kalender 1986, Seite 81; Mitteilung von Ing. Hanspeter Riedmann vom 21. Mai 1991
Beispiel 91	wie Beispiel 76, Seite 1853, wie Beispiel 63, 22. Band, Seite 338
Beispiel 93	wie Beispiel 28, Seite 34

Beispiel 94 Tiroler Tageszeitung, 30. April 1984, Seite 13

Beispiel 96 zitiert bei Dale Carnegie, „Die Macht der Rede“, Verlag Nauck & Co 4. A., Seite 189ff.

Beispiel 97 wie Beispiel 18, Seite 131;

Beispiel 98 Paul Watzlawick, Janet H. Beavin, Don D. Jackson, „Menschliche Kommunikation“, Verlag Hans Huber, Bern-Stuttgart-Wien 1974, Seite 190; Kurier, 31. August 1999, Seite 33

Beispiel 100 Die Presse, 16. Jänner 1981, Seite 14

Beispiel 101 wie Beispiel 83, Seite 124

Beispiel 102 Theodore Levitt, „Die Macht des kreativen Marketing“, Econ-Taschenbuch-Verlag GmbH, Düsseldorf 1986, Seite 85

Beispiel 103 Leserbrief in: Die Presse, 5. Dezember 1978

Beispiel 104 Malte W. Wilkes, „Kreativität ist Kribbeln im Kopf“, Goldmann Ratgeber, Wilhelm-Goldmann-Verlag, München 1984, Seite 19, 26

Beispiel 105 Salzburger Nachrichten, 3. April 1984, Seite 1

Beispiel 106 Hermann Schlüter, „Grundkurs der Rhetorik“, dtv WR, 1974, Seite 252

Beispiel 107 Heinz Lemmermann „Lehrbuch der Rhetorik“, Goldmann Gelbe Taschenbücher, 1962, Seite 169

Beispiel 108 Max Wertheimer, zitiert in: Rudolf Flesch: „Besser schreiben, sprechen, denken“ Econ-Verlag, Düsseldorf-Wien 1973, Seite 213

Beispiel 109 NGZ, Service Manager, Deutscher Fachverlag GmbH, Frankfurt, Mai 1988

Beispiel 110 Georg Büchmann, „Geflügelte Worte und Zitatenschatz“, verbesserte Neuausgabe, Seite 180

Beispiel 111 Trend, Nr. 11, 1985, Seite 116

Beispiel 112 Kurier, 17. Dezember 1985, Seite 4

Beispiel 113 Notiz in: Wochenpresse, ca. 1980

Beispiel 115 wie Beispiel 104, Seite 20, 27.

Beispiel 116 Notiz in: Präsent, ca. 1980

Beispiel 117 wie Beispiel 83, Seite 122

Beispiel 118 Kurier, 4. Februar 1976; Neues Volksblatt, 5. Juli 1976

Beispiel 119 Das neue Erfolgs- und Karrierehandbuch für Selbständige und Führungskräfte, Heft 3, Bonn 1989, Seite 101

Beispiel 120 Mitteilung von Gunda Reinartz, geb. Krumeich vom 21. Jänner 1991

Beispiel 121 wie Beispiel 106, Seite 269 f

Beispiel 122 Altes Testament, 1. Buch der Könige, 3, 16–28

Beispiel 123 wie Beispiel 83, Seite 127

Beispiel 124 wie Beispiel 83, Seite 12

Beispiel 125 Tiroler Tageszeitung, 4. Jänner 1969, Seite 11

Beispiel 126 Notiz in: Wochenpresse, ca. 1980

Beispiel 127 Ernst Trost, „Figl von Österreich", Verlag Fritz Molden, Wien-München Zürich 1972, Seite 49

Beispiel 129 Reinhard Sellnow: Kreative Lösungssuche in der Mediation, Zeitschrift für Konfliktmanagement März 2000, Seite 101

Beispiel 130 wie Beispiel 68

Beispiel 131 Toronto News, 5. August 1998, Seite A8, Sara Jean Green: „Safety concerns get neighbours out partying"; Kurier, 24. Mai 2000, Seite 6

Beispiel 132 Wochenpresse, Wien ca. 1980

Beispiel 133 Kolb-Miltner, „Kreativität – Frei für neue Ideen und Lösungen, die besten Methoden für Alltag und Beruf", Seite 22

Beispiel 134 Eberhard Puntsch „Witze – Fabeln – Anekdoten", Seite 382

Beispiel 136 Lee Iacocca: „Iacocca – Eine amerikanische Karriere", Seite 56

Beispiel 137 Chefinfo, Juli 2000, Seite 21

Beispiel 138 Robert Benedikt: Gipfel-Mail vom Hafelekar in „Die Presse", 25. August 2000, Seite 10; „Innsbruck informiert" vom September 2000, Seite 26

Beispiel 139 Der Spiegel, Nr. 51, 1978, Seite 68

Beispiel 141 Eike Christian Hirsch, in: Die Zeit, Zeitmagazin, vor 1990

Beispiel 142 Tiroler Tageszeitung vom 29. August 1979,

Beispiel 143 wie Beispiel 18, Seite 133

Beispiel 144 Die Presse, 4. Jänner 1985

Beispiel 145 Profil, 10. November 1986, Seite 44

Beispiel 146 Cicero, „Vom Redner", Goldmann Gelbe Taschenbücher, Seite 229

Beispiel 147 Wochenpresse, 3. November 1965

Beispiel 148	Becker–Fürnstahl–Obendrauf–Wolfbauer: „Physik heute", Salzburger Jugend-Verlag, Seite 74
Beispiel 149	Martin Morlock, „Hohe Schule der Verführung", Econ-Verlag, 1977, Seite 266
Beispiel 150	Paul Imhof und Hubert Biallowons als Herausgeber, „Karl Rahner, Bilder eines Lebens", Verlag Benziger, Zürich und Verlag Herder, Freiburg, 1985, Seite 40
Beispiel 151	Wochenpresse, ca. 1979
Beispiel 152	Ivo Greiter: „Bürgernähe in der Praxis – Der Schlüssel zum politischen Erfolg"; 2. Auflage, 1989, Seite 154; Innsbrucker Journal, November 1987, Seite 9
Beispiel 153	Tiroler Tageszeitung, 15. Juni 1999, Seite 21
Beispiel 154	Mitteilung von Dipl.-Kfm. Hannes Hess, DEZ-Innsbruck, im Oktober 2000
Beispiel 156	Fritz Molden: „Aufgewachsen hinter grünen Jalousien – Vergessene Geschichten aus Österreichs bürgerlicher Welt", Seite 86ff.
Beispiel 157	Persönliche Schilderung von Elisabeth K. im Oktober 2000

VIII. Über den Autor

Dr. Ivo Greiter wurde am 7. November 1940 in Innsbruck geboren. Nach Abschluss der rechtswissenschaftlichen Studien an der Universität Innsbruck hat er seine berufliche Ausbildung in einer Innsbrucker Anwaltskanzlei, einer Wiener Anwaltskanzlei und als Mitarbeiter von Booz, Allen & Hamilton Management Consultants, London, New York, Düsseldorf sowie in einer Anwaltskanzlei in Brüssel vervollständigt. 1971 wurde er in die Liste der Tiroler Rechtsanwälte eingetragen. Seit 1976 ist Dr. Greiter Obmann des Tiroler Rechtsanwaltsvereines. Er hat neun Jahre als Richter im Disziplinarrat der Tiroler Rechtsanwaltskammer mitgearbeitet und ist seit 1981 Mitglied des Ausschusses der Tiroler Rechtsanwaltskammer.

Dr. Greiter ist Partner der Anwaltskanzlei Greiter, Pegger und Kofler und Partner in Innsbruck. Als Referent ist er bei Seminaren über inländisches und ausländisches Recht tätig. Seite 1976 ist er österreichischer Vorsitzender der internationalen Juristenorganisation World Jurist Association, Washington. Seit 1992 ist er Vizepräsident des Österreichischen Juristentages. Seit 1998 ist er Vorstandsmitglied der Europäischen Vereinigung der Schadenersatzjuristen, der Pan-European Organisation of Personal Injury Lawyers.

Dr. Greiter ist Mitherausgeber der in Washington erscheinenden Zeitschrift „Computer and Law", Mitglied des International Advisory Board von „The Transnational Lawyer", Sacramento, Kalifornien, und Österreichkorrespondent der „European Competition Law Review" sowie der „International Company and Commercial Law Review", London.

Neben seiner beruflichen Tätigkeit als Anwalt ist er fallweise über Auftrag der Internationalen Handelskammer Paris und der Bundeswirtschaftskammer in Wien als Schiedsrichter in internationalen Wirtschaftsstreitigkeiten in Österreich und im Ausland tätig.

Seit 1976 ist Dr. Greiter Mitglied des Vorstandes der Tiroler Volkswirtschaftlichen Gesellschaft. Von 1983 bis 1989 war er Mitglied des Gemeinderates der Tiroler Landeshauptstadt Innsbruck.

Im Herbst 2000 hat Dr. Greiter seine Ausbildung zum Mediator in Wirtschaftssachen abgeschlossen.

Veröffentlichungen

- „Forderungseintreibung im Ausland" im Außenhandelstaschenbuch der Bundeswirtschaftskammer Wien 1976

- „Betriebsberater zwischen Gewerbe und freiem Beruf – Möglichkeiten der gesetzlichen Fundierung der Betriebsberater als Berufsstand", in der Dokumentation des ersten österreichischen Betriebsberatertages, herausgegeben von der Bundesgruppe der Betriebsberater und Betriebsorganisationen 1976
- „International Handbook on Contracts of Employment", Mitautor, Kluwer-Verlag, Deventer, Niederlande, 1976
- „Computer in der Rechtsanwaltskanzlei" im Österreichischen Anwaltsblatt, Wien, Jänner 1978
- „Law and Judicial Systems of Nations" edited by Charles S. Rhyne, Mitautor, Washington 1978
- „International Estate Cases", in International Academy of Estate and Trust Law, Seminars in Vienna and Munich edited by Judge Arthur K. Marshall, Mitautor, Los Angeles, 1979
- „Gerichtsurteile für Fremdenverkehr und Sport", veröffentlichte und unveröffentlichte Entscheidungen des Obersten Gerichtshofes von 1919 bis 1979, Prugg-Verlag, Eisenstadt, 1979
- „Haftung bei vernachlässigter Pistensicherung" in Schul- und Sportstättenbau, Mitteilungsblatt des Österreichischen Institutes für Schul- und Sportstättenbau Nr. 2, Wien, 1981
- „Anregungen aus der Organisation des Anwaltsstandes in der Republik Irland", im Österreichischen Anwaltsblatt, Wien, Februar 1983
- „Guide to International Collections", published by American Collectors Association Inc., Mitautor, Minneapolis, 1985
- „Recht und Gesetz für jedermann", herausgegeben vom Verlag Das Beste GmbH, Mitautor, Stuttgart 1985
- „CMR-Gerichtsurteile, Entscheidungen zum internationalen Transportrecht", CMR-Urteile des österreichischen Obersten Gerichtshofes einschließlich der unveröffentlichten Entscheidungen bis 1985, Prugg-Verlag, Eisenstadt 1985
- „Export-Import in der Praxis" herausgegeben von der Bundeswirtschaftskammer Wien, Mitautor seit 1975, letzte, 7. Auflage 1992
- „Kartellfalle EG-Abkommen", in Industrie, Die Wochenzeitschrift für Unternehmer und Führungskräfte, offizielles Organ der Vereinigung österreichischer Industrieller, Wien, Nr. 19, 6. Mai 1987
- „How To Get Your Money in Foreign Countries", A Survey of Court Costs and Lawyer's Fees in 151 Countries, Kluwer Law and Taxation Publishers, Deventer, Antwerpen, London, Frankfurt, Boston, New York, 1987
- „Über den Umgang mit Rechtsanwälten – 12 Regeln". Ein Leitfaden für Unternehmer und Privatpersonen mit einem Vorwort des Bundesministers für Justiz, Dr. Egmont Foregger, Prugg-Verlag, Eisenstadt 1987. Erschienen aus Anlass des 90-jährigen Bestehens der im Herbst

1897 von Dr. Josef Greiter eröffneten Anwaltskanzlei, in die Dr. Franz Greiter 1926 und Dr. Ivo Greiter 1971 eintraten.

- „How to Get Compensation for Accidents in Austria As Illustrated by Ski Accident Cases“ in The Transnational Lawyer, McGeorge School of Law. University of the Pacific, Sacramento, Kalifornien, USA, Washington, Nr. 2, 1988
- „Seilbahnen, Sessel- und Schlepplifte, Verkehrssicherungspflicht, Pistensicherungspflicht, Pistenpräparierungsfahrzeuge in der österreichischen Rechtsprechung“ im Handbuch des Sportrechts, Dokumentation mit Erläuterungen, herausgegeben von Dr. jur. Eike Reschke, Kanzler der Deutschen Sporthochschule Köln, Luchterhand-Verlag, 1989
- „Das Auskunftsrecht des Aktionärs und des Partizipanten gemäß § 112 Aktiengesetz“ in Österreichische Juristenzeitung, Wien, September 1989
- „Der Schlüssel zum politischen Erfolg: Bürgernähe in der Praxis – 368 Denkanstöße“. Ein Leitfaden für Gemeinderäte, Bürgermeister und andere politisch Verantwortliche. Österreichischer Kulturverlag, Thaur bei Innsbruck 1989
- „Wodurch kann Österreich als Finanzplatz attraktiver werden, unter besonderer Berücksichtigung der rechtlichen Rahmenbedingungen“ in Schriftenreihe des österreichischen Forschungsinstitutes für Sparkassenwesen, Wien, Heft 2, 1990
- „Justiz und Richter zwischen Rechtsprechung, Öffentlichkeit und Politik“, Vortrag im Rahmen der österreichischen Richterwoche im Mai 1990, in Österreichisches Anwaltsblatt, Wien, September 1990 und in der Schriftenreihe des Bundesministeriums für Justiz, Nr. 52, zur Richterwoche 1990 in Badgastein über Rechtspflege und Öffentlichkeit, Wien, 1991
- „Das Bankgeheimnis in der österreichischen Judikatur“, Entscheidungen des österreichischen Obersten Gerichtshofes, des Verwaltungsgerichtshofes und des Verfassungsgerichtshofes zum österreichischen Bankgeheimnis bis 7. September 1989, Prugg-Verlag, Eisenstadt, 1990,
- „Kreativität in der Praxis: Der Schlüssel zum persönlichen und beruflichen Erfolg“, Checkliste mit 222 Denkanstößen, 71 Beispiele, Kulturverlag, Thaur bei Innsbruck, 1990
- „Die Niederlassungsfreiheit und der Anwaltsberuf“ in Tiroler Perspektiven, Magazin für Politik, Wirtschaft und Kultur, Innsbruck, Nummer 1/1994
- „Personal Injury Awards in EU and EFTA Countries“, an Industry Report prepared by David McIntosh and Marjorie Holmes, Published in Association with Tokio Marine and Fire Insurance Company; Mitautor, London 1994
- „Accident Compensation in Austria“ in Pan European Law Review, Vol 1, Number 2, Nicosia, July 1997, Seite 153

- „100 Jahre Vertrauen unserer Klienten: 1897–1997, Dokumentation der Kanzlei Greiter, Pegger, Kofler & Partner zur Feier 100 Jahre Rechtsanwaltskanzlei im Kongresshaus Innsbruck“, Innsbruck 1998
- „Pistensicherung in der österreichischen Rechtsprechung“, Entscheidungen des Obersten Gerichtshofes, der Oberlandesgerichte und der Landesgerichte bis 27. Jänner 1998, davon 80 unveröffentlichte Entscheidungen, Linde Verlag Wien, 1998
- „Recent Developments in International Tort and Insurance Law and Practice – Compensation for Accidents in Austria“, in: Tort & Insurance Law Journal, published by the Tort and Insurance Practice Section – American Bar Association, Volume 35, Number 2, Chicago, Winter 2000, Seite 444
- „Pro und Contra zur multidisziplinären Partnerschaft (MDP) – das Contra wiegt schwerer“ im österreichischen Anwaltsblatt, Wien, April 2000, Seite 217
- „Bericht aus der Kommission II beim Österreichischen Anwaltstag 2000 über die Unterschiede und die Gemeinsamkeiten rechtsberatender freier Berufe, die verfassungsrechtliche Absicherung anwaltlicher Vertretung, über das künftige und mögliche Berufsbild des Anwalts in Österreich, über sein künftiges Umfeld in Europa und seine Konkurrenzsituation“ in Österreichisches Anwaltsblatt, Wien, Dezember 2000, Seite 726
- „Schmerzengeld für ein verkürztes Leben“ in Pro Iustitia et Scientia – Festgabe zum 80. Geburtstag von Karl Kohlegger, herausgegeben von Kurt Ebert, Verlag Österreich, Wien, 2001, Seite 239
- „Höherer Schadenersatz, höheres Schmerzengeld für Opfer von Großunfällen, Ersatz für seelische Schmerzen der Angehörigen und für entgangenes Leben“ in Salzburger Nachrichten vom 24. Februar 2001
- „Sonntag Nachmittag kein Parteienverkehr – Chancen der Tiroler Anwaltschaft“ in der Festschrift der Tiroler Rechtsanwaltskammer zu ihrem 150-jährigen Bestehen – Einblicke und Ausblicke, Innsbruck 2001
- „Schmerzengeld für ein verkürztes Leben“, Zusammenfassung des Vortrages im Rahmen des von der Europäischen Vereinigung der Schadenersatzjuristen (Peopil – Pan European Organisation of Personal Injury Lawyers) im Februar 2001 in Innsbruck abgehaltenen Seminars, in Österreichisches Anwaltsblatt, Wien, Mai 2001, Seite 274
- „Die Suche nach kreativen Lösungen“ im Handbuch Mediation, herausgegeben von Haft/Schlieffen, Beck Verlag, München, 2001.

IX. Formblatt für Zusendungen

Liebe Leserin, lieber Leser!

Sicher sind auch Ihnen weitere Beispiele von besonders guter Kreativität bei Verhandlungen oder im Alltag bekannt.

Bitte schicken Sie diese Beispiele für die nächste Auflage des Buches an meine unten angegebene Adresse und teilen Sie gleichzeitig mit, ob Sie mit der Angabe Ihres Namens im Nachweis der Fundstellen im VII. Abschnitt einverstanden sind.

Zur Erleichterung ist hinter dieser Seite ein Formblatt für Zusendungen zum Kopieren enthalten.

Vielen Dank für Ihre Mühe.

Ivo Greiter

Postanschrift für Zusendungen:

Dr. Ivo Greiter
Rechtsanwalt
Maria-Theresien-Straße 24
A-6020 Innsbruck
Österreich

Tel.: 0043 – (0) 512-57 18 11
Fax: 0043 – (0) 512-58 49 25
e-mail: info@greiter.lawfirm.at

Name und Anschrift
des Absenders:

Herrn
Dr. Ivo Greiter
Rechtsanwalt

Maria-Theresien-Straße 24
A-6020 Innsbruck
Fax: 0043 – (0)512 – 58 49 25
e-mail: info@greiter.lawfirm.at

Datum:

Betrifft: Kreativität bei Verhandlungen und im Alltag

Für die nächste Auflage des Buches schlage ich folgende Ergänzung vor, wobei ich mit der Anführung meines Namens als Einsender einverstanden bin:

ja / nein, (bitte einkreisen)

1. die folgende kreative Lösung bei einer Verhandlung oder bei einem Problem unter die Beispiele mit aufzunehmen:

2. die Liste mit den Denkanstößen zu ergänzen wie folgt:

Bitte bei Bedarf zusätzlich die Rückseite oder eigenes Blatt verwenden!

X. Stichwortverzeichnis

(Die Ziffern geben die Seitenzahl an)